U0852958

国家出版基金项目
NATIONAL PUBLICATION FOUNDATION

南方主要少数民族乡规民约与社会治理研究丛书（续编）

村规民约转型问题研究

以贵州省丹寨县『十户一体』公约为考察中心

游志能◎著

湘潭大学出版社

总序

一

《中华人民共和国村民委员会组织法》（1998 年 11 月 4 日第九届全国人民代表大会常务委员会第五次会议通过，2010 年 10 月 28 日第十一届全国人民代表大会常务委员会第十七次会议修订）对村规民约的制定、效力等进行了较为全面的规定，如第 27 条规定："村民会议可以制定和修改村民自治章程、村规民约，并报乡、民族乡、镇的人民政府备案。村民自治章程、村规民约以及村民会议或者村民代表会议的决定不得与宪法、法律、法规和国家的政策相抵触，不得有侵犯村民的人身权利、民主权利和合法财产权利的内容。村民自治章程、村规民约以及村民会议或者村民代表会议的决定违反前款规定的，由乡、民族乡、镇的人民政府责令改正。"第 10 条又规定："村民委员会及其成员应当遵守宪法、法律、法规和国家的政策，遵守并组织实施村民自治章程、村规民约，执行村民会议、村民代表会议的决定、决议，办事公道，廉洁奉公，热心为村民服务，接受村民监督。”第38条还规定：“驻在农村的机关、团体、部队、国有及国有控股企业、事业单位及其人员不参加村民委员会组织，但应当通过多种形式参与农村社区建设，并遵守有关村规民约。”

2014年10月23日，中国共产党第十八届中央委员会第四次全体会议通过的《中共中央关于全面推进依法治国若干重大问题的决定》明确提出“增强全民法治观念，推进法治社会建设”的目标，强调“推进多层次多领域依法治理”，要求“发挥市民公约、乡规民约、行业规章、团体章程等社会规范在社会治理中的积极作用”。这表明，在法治国家、法治社会建设中，需要进一步提高乡规民约、村规民约的地位，高度重视乡规民约、村规民约的价值，全面发挥乡规民约、村规民约的作用，在社会治理中充分运用乡规民约、村规民约。

2017年10月18日，习近平同志代表第十八届中央委员会向大会所作的报告中提出了实施乡村振兴战略，强调加强农村基层基础工作，健全自治、法治、德治相结合的乡村治理体系。2018年中央一号文件《中共中央 国务院关于实施乡村振兴战略的意见》（2018年1月2日公布并实施）也明确提出“发挥自治章程、村规民约的积极作用”。

乡规民约是乡村民众为了办理公共事务和公益事业、维护社会治安、调解民间纠纷、保障村民利益、实现村民自治，民主议定和修改并共同遵守的社会规范。乡规民约包括乡规民约、村规民约等，在当代中国农村以村规民约为主体；既有根据《村民委员会组织法》由村民会议制定和修改的村规民约，也有由村老年协会等制定和修改的规约，还包括若干村民议定的某种规约；既包括行政村的村规民约、村民小组即自然村的规约，也包括跨村的乡规民约；既包括成文的村规民约，也包括不成文的规约；既包括全面性的村规民约、乡规民约，也包括如计划生育规约、环境卫生公约等专门性的村规民约。

乡规民约、村规民约在农村社会中发挥着实现村民自治、发展乡村民主、保障村民权益、团结村民群体、维护乡村秩序、保护生态环境、弘扬良善道德、传承优秀文化、改善村风民俗的重要作用。

二

南方主要少数民族为居住在广西、云南、贵州、四川、湖南、海南、广东、湖北、浙江、江西、福建等地的少数民族，包括壮族（16,926,381）、苗族（9,426,007）、彝族（8,714,393）、土家族（8,353,912）、侗族（2,879,974）、布依族（2,870,034）、瑶族（2,796,003）、白族（1,933,510）、哈尼族（1,660,932）、黎族（1,463,064）、傣族（1,261,311）、畲族（708,651）、傈僳族（702,839）、仡佬族（550,746）、拉祜族（485,966）、佤族（429,709）、水族（411,847）、纳西族（326,295）、羌族（309,576）、仫佬族（216,257）、景

颇族（147，828）、布朗族（119，639）、毛南族（101,192）等。[①]

1949年中华人民共和国成立前，我国南方主要少数民族的社会发展是不平衡的，主要有四种类型：第一种为封建地主所有制，主要是那些与汉族交往密切的民族，如壮族和彝族、黎族等民族的大部分。第二种为封建领主制，包括部分傣族、彝族、纳西族等。第三种为奴隶制，基本上保留在四川大凉山和云南小凉山地区的部分彝族中。第四种为保留浓厚的原始公社制残余，主要存在于云南边疆山区的独龙族、怒族、傈僳族、佤族、布朗族、基诺族、德昂族、哈尼族，中东南地区的瑶族，海南岛的黎族，台湾的高山族等民族之中。[②] 在1949年中华人民共和国成立前，这些少数民族主要通过习惯法进行社会的自我治理。[③] 而少数民族习惯法中的主要规范为乡规民约、村规民约。乡规民约、村规民约成为南方主要少数民族分

---

① 据2010年11月1日第六次全国人口普查统计，我国除港澳台以外的31个省、自治区、直辖市和现役军人的人口中，各少数民族人口为113，792，211人，占8.49%，同2000年第五次全国人口普查相比，各少数民族人口增加7，362，627人，增长6.92%。人口在10万人以下的南方少数民族有普米族（42，861）、阿昌族（39,555）、怒族（37,523）、京族（28,199）、基诺族（23,143）、德昂族（20,556）、门巴族（10,561）、独龙族（6,930）、高山族（4,009）、珞巴族（3,682）等。参见 http：//www. stats. gov. cn/tjsj/pcsj/rkpc/6rp/indexch. htm，2018年7月29日最后访问。

② 参见林耀华：《民族学通论》，中央民族学院出版社1990年版，第260－261页。

③ 本文所指的习惯法为非国家法意义上的习惯法，是指独立于国家制定法之外，依据某种社会权威和社会组织，具有一定的强制性的行为规范的总和。参见高其才：《中国习惯法论（第3版）》，社会科学文献出版社2018年版，第3页。

配社会资源、调整社会关系、解决社会冲突、维护社会秩序的重要规范，在社会生活中发挥着广泛的影响。在中华人民共和国成立以后，受历史传统、民族文化等的影响，乡规民约、村规民约的意识、观念、思维和规范仍然在我国南方主要少数民族中客观存在，以各种方式、多类途径在社会治理中发挥着作用。

对南方主要少数民族乡规民约与社会治理进行研究，有助于全面掌握和认识南方主要少数民族乡规民约、村规民约与社会治理的现实状况和具体表现；对南方主要少数民族乡规民约、村规民约在社会治理中积极作用和实现障碍的分析，有助于充分挖掘乡规民约、村规民约的价值，进一步推进和完善村民自治制度、发扬农村基层民主。对南方主要少数民族乡规民约、村规民约具体内容、规范特点的分析，对南方主要少数民族乡规民约、村规民约在全面推进依法治国、建设法治国家和法治社会中地位和价值的探讨，有助于发挥民族法文化的现代价值、协调少数民族习惯法与国家法律的关系，以加快我国的法治建设进程，全面建设法治社会。

作为全国少数民族的主要部分，南方主要少数民族数量多、地区分布广、民族特色鲜明、社会治理任务多样。探讨南方主要少数民族乡规民约与社会治理，对于总结南方主要少数民族乡规民约的社会治理手段和经验，思考南方主要少数民族乡规民约与社会治理的特点和规律，推进民族地区现代化建设和社会和谐发展，建立健全党委领导、政府负责、社会协同、公众参与、法治保障的现代乡村社会治理体制，健全自治、法治、德治相结合的乡村治理体系，实施乡村振兴战略并最终实现产业兴旺、生态宜居、乡风文明、治理有效、生活富裕目标具有重要意义。同时，通过对南方主要少数民族乡规民约与社会治理的分析，对于保护固有民族文化、传承优秀民族文化、促进民族文化发展具有积极作用。

中华法系是在我国统一多民族的土地上生长和发展起来的，在形成和发展过程中吸收了不同民族法文化的内容。它不仅包括以汉族为主体的中原王朝法律，也包括中国少数民族习惯法，少数民族对中华法系的形成作出了重要贡献，历史上形成了数量庞大的少数民族法典及习惯法。[①] 少数民族法制是中华法系发展历史中的有机组成部分，“中华法系是中国各民族法律原则和法律意识长期融合的产物”[②]，“中华法系正是融合了各民族的法律意识与创造力才形成的”。[③] 研究中华法系、探讨中华法制文明的现代意义，不能缺少对少数民族乡规民约、村规民约等习惯法的关注，否则就无法揭示中国法制发展的全貌与发展规律，认识不同社会形态条件下各种类型法的本质和特点，理解不同历史时期、不同社会发展阶段各民族法文

① 参见杨一凡、田涛主编，张冠梓点校：《中国珍稀法律典籍续编·少数民族法典法规与习惯法（上、下）》，黑龙江人民出版 2002 年版。该书将民族法律文献资料分为法典法规篇、地方法规篇、乡规民约篇、习惯法篇、司法文书篇。

② 张晋藩：《再论中华法系的特点》，载《政法论坛》1985 年第 4 期。

③ 张晋藩：《中华法制文明的演进》，中国政法大学出版社 1999 年版，第12 页。

化及在中国共同文化范围内各民族法文化并存的条件。① 因此研究南方主要少数民族的乡规民约、村规民约等习惯法对中华法系内容的丰富、中华法系成果的传播、中华法系精神的弘扬具有重要意义。②

探讨南方主要少数民族的乡规民约、村规民约，研究南方主要少数民族乡规民约、村规民约与社会治理的关系，这对于拓宽法学研究领域、丰富法学理论、深化法学研究，正确处理现代化发展中的少数民族法文化是有一定意义的。同时，有助于推进民族学、政治学、人类学、社会学、历史学等学科的发展，为这些学科提供系统、全面的研究材料。

三

《南方主要少数民族乡规民约与社会治理丛书》（以下简称《丛书》）包括资料篇和研究篇，资料篇主要对南方主要少数民族从古代到当代的乡规民约进行汇编。研究篇为专题研究，涉及南方主要少数民族乡规民约与乡村事务管理、南方主要少数民族乡规民约与基层民主治理、南方主要少数民族乡规民约与婚姻家庭关系调整、南方主要少数民族乡规民约与生态环境保护、南方主要少数民族乡规民约与固有习惯法传承、南

① 蔡尚思先生也曾指出："现今研究中国各专门史，也不好以汉族为范围了，以汉族为范围的中国各专门史，不可能是整个的或比较完全的中国各专门史，如要认真地说，至多也只是汉民族的专门史。"见《中国各民族的血统和文化》，载《文汇报》1984 年 4 月 9 日。

② 参见李兴华《回族与中华文明》（载《回族研究》1999 年第 1 期）的有关论述。

方主要少数民族乡规民约与社会治安维护、南方主要少数民族乡规民约与纠纷解决等。同时，专题研究又结合了族别研究、个案研究、地区研究，包括广西金秀瑶族的村规民约，贵州锦屏苗族、侗族的村规民约，云南大理等地的白族、傣族等民族的村规民约等。

《丛书》在撰写时强调以下方面：（1）全面性。《丛书》全面、系统、综合地探讨南方主要少数民族乡规民约、村规民约在社会治理中的具体表现、积极作用，力图完整地展示南方主要少数民族乡规民约、村规民约与社会治理的发展、变化关系。（2）现代性。《丛书》在分析历史上的南方主要少数民族乡规民约与社会治理关系的基础上，重点讨论当今的南方主要少数民族乡规民约、村规民约在社会治理中的积极作用，关注南方主要少数民族乡规民约、村规民约的现实样态，描述南方主要少数民族乡规民约、村规民约的实际状况。（3）民族性。《丛书》突出南方主要少数民族乡规民约的民族特色，注重乡规民约、村规民约中的民族传统，探讨乡规民约、村规民约与民族社会治理、民族地区发展的关系。（4）地方性。南方主要少数民族乡规民约、村规民约为一种地方性知识、区域性规范，具有较为明显的地域特点。《丛书》尽力揭示南方主要少数民族乡规民约、村规民约在社会治理中的地方性因素。（5）文化性。作为社会治理的重要规范，南方主要少数民族乡规民约、村规民约体现了独特的价值内涵、文化传统。《丛书》强调从文化角度理解南方主要少数民族乡规民约、村规民约与社会治理的关系。

《丛书》在进行南方主要少数民族乡规民约、村规民约与社会治理探讨时，秉承法多元主义的理念，坚持历史进化和整体联系的观点，在方法上注意将史料分析与田野调查相结合，尤以田野调查为重；以法学、历史学方法为主，同时借鉴社会学、文化人类学、民俗学、经济学等学科的理论、技术和方法，进行综合研究，从而试图描述南方主要少数民族乡规民约、村规民约与社会治理的实际状况，把握南方主要少数民族乡规民约、村规民约与社会治理的发展趋势，探寻南方主要少数民族乡规民约、村规民约与社会治理的特点和规律，以揭示南方主要少数民族乡规民约、村规民约与社会治理的真实状况，感受南方主要少数民族乡规民约、村规民约在社会治理中的某种特殊魅力。

四

《丛书》在2016年被列入国家“十三五”出版规划，并得到2018年度国家出版基金的资助。在具体实施过程中，《丛书》组建了编委会，由编委会精心遴选作者，广泛吸纳在乡规民约、村规民约和民族习惯法方面有专门研究的学者加入调查、研究队伍。

《丛书》编委会在认真讨论的基础上，制订了详细的工作计划，就田野调查和资料搜集进行了具体的安排，确定了编写体例和基本要求，拟定了交稿时间和出版时间。各位作者克服种种困难，尽力进行田野调查，认真撰写书稿并按约交付，保证了《丛书》的如期出版。

湘潭大学出版社积极支持《丛书》编委会的工作，为《丛书》的出版提供了有力的支持，保证了《丛书》的顺利面世。

由于作者等各种因素所限，《丛书》编委会的一些设想没能完全落实。由于受时间、能力等因素所限，加之论题较大，《丛书》可能存在一些不足，敬请读者批评指正。

高其才

2018 年 7 月 27 日于京西

目 录

导论

一、问题的提出

2014 年，党的十八届四中全会通过的《中共中央关于全面推进依法治国若干问题的重大决定》指出：要“发挥市民公约、乡规民约、行业规章、团体章程等社会规范在社会治理中的积极作用”。2017 年，党的十九大报告强调要“加强农村基层基础工作，健全自治、法治、德治相结合的乡村治理体系”。2018 年 2 月，中共中央、国务院印发的《关于实施乡村振兴战略的意见》提出，乡村振兴要“按照产业兴旺、生态宜居、乡风文明、治理有效、生活富裕的总要求”来开展。2018 年 9 月，中共中央、国务院印发的《乡村振兴战略规划(2018—2022 年)》指出：要“坚持自治为基、法治为本、德治为先，健全和创新村党组织领导的充满活力的村民自治机制，强化法律权威地位，以德治滋养法治、涵养自治，让德治贯穿乡村治理全过程”“充分发挥自治章程、村规民约在农村基层治理中的独特功能，弘扬公序良俗”。党和政府的纲领性文件说明了乡村治理问题的重要性，并明确表示要促进村规民约在乡村治理体系中更好地发挥作用。

村规民约在我国历史上有较为深厚的历史渊源，即乡约制度。已有研究成果认为，乡约制度主要有两种传统：一是吕氏乡约的自治传统，二是赣南乡约的治民传统。长期以来，吕氏乡约的自治传统没有得到传承，赣南乡约的治民传统却日益精微。与乡约制度并行的，还有保甲、里甲等制度。① 在当前的乡村治理中，村规民约确实发挥了多方面的积极作用。有学者认为乡规民约在乡村治理中的积极作用主要体现在政治、经济、文化、社会及生态等领域，较为全面地调整乡村社会关系，促进乡村经济社会发展，提高农民生活水平。村规民约在乡村治理中的积极作用可以总结为十个方面，包括保障基层民主、管理公共事务、分配保护资产、保护利用资源、保护环境卫生、促进团结互助、推进移风易俗、传承良善文化、维护乡村治安、解决民间纠纷。②

但毋庸讳言，村规民约在制定、运行过程中也存在一系列问题。现代村规民约应该在《宪法》《村民委员会自治法》等法律的框架内，弘扬自治精神，落实自治权利。然而，目前村规民约在制定、实施过程中往往受基层政府部门影响甚深。从

① 杨开道：《中国乡约制度》，北京：商务印书馆2015年版，第18－28页。

② 陈寒非、高其才：《乡规民约在乡村治理中的积极作用实证研究》，载《清华法学》2018年第1期，第67－76页。

实际情况来看，基层政府有指导村规民约制定的必要性，但也容易使得村规民约成为各种地方政策的宣传册。在一些地方，村规民约的制定、实施在一定程度上推进了村民自治的进程，但同时在更高程度上强化了基层政府对农村的社会控制。从社会控制走向社会治理，是村规民约转型发展过程中的重要问题。

二、社会控制理论概述

社会控制作为一个概念最早是由美国社会学创始人之一的爱德华·A. 罗斯在 1896 年提出的。罗斯认为："我们社会进步的标志，是以稳定的不受人的情感影响的关系逐渐取代无常的私人的关系。"[1] 也就是说，社会由依赖同情心、友善、正义感维持的自然秩序状态，进入系统的社会控制下的社会秩序状态。"如果不打算让我们的社会秩序像纸牌搭成的房屋一样倒塌，社会就必须控制他们。""人们强烈地需要能够提供比天生道德动机更好的秩序""群体对行为的控制恰好是我们应该寻找的东西"。[2] 在罗斯的理论体系中，控制手段是非常多元的，包括舆论、法律、信仰、社会暗示、社会宗教、个人理想、礼仪、艺术、人格、启蒙、幻象、社会价值观、伦理法则等。关于社会控制的界限，罗斯敏锐地指出："干预被描绘为

---

① ［美］爱德华·罗斯：《社会控制》，秦志勇、毛永政译，北京：华夏出版社 1989 年版，第 9 页。

② ［美］爱德华·罗斯：《社会控制》，秦志勇、毛永政译，北京：华夏出版社 1989 年版，第 45－46 页。

只要社会秩序和安全措施有所改进，社会就可以适当增加要求。然而，这个程式忽略了无数受控制的个人。”① 基于此，社会控制的第一条准则就是“社会干预的每一增加给作为社会成员的人带来的利益应大于它对作为个人的人引起的不便”。第二条准则是“社会干预不应轻易激起反对自身的渴望自由的感情”。② 有学者提出：“虽然罗斯本人自始至终没有对‘社会控制’下一个完整、确切的定义，但我们似乎可以归纳出这样一个定义：社会控制是指人们依靠社会力量，自觉地以一定方式协调个人与社会及社会各部分之间的关系，以使群体的社会活动或个人的社会行为符合某种社会规范和发展目标，从而保持社会相对稳定及和谐发展的方式系统。”③

社会控制概念被提出后，产生了深远影响，但其含义也在发展过程中发生变化。“从20世纪20年代左右起，社会控制已经被作为一般概念使用，它被用于描述所有与协调、整合、规范或调整个人与组织以达到某种理想行为标准相关的行

① ［美］爱德华·罗斯：《社会控制》，秦志勇、毛永政译，北京：华夏出版社1989年版，第317页。

② ［美］爱德华·罗斯：《社会控制》，秦志勇、毛永政译，北京：华夏出版社1989年版，第318－319页。此外，第三条准则是“社会干预应当尊重维持自然秩序的感情”。第四条准则是“社会干预不应是家长式的，因而不能制止道德上病组织的自行消亡”。第五条准则是“社会干预不应限制生存竞争，因而不能取消选择过程”。参见该书，第320－323页。

③ 田佑中、陈国红：《罗斯的社会控制理论述评》，载《南京政治学院学报》1999年第6期，第42页。

为。”“社会控制已经成了规范的代名词。”① 社会控制这一概念所涉及的问题是如此广泛，以至于有学者认为：“这一概念根本没有任何明确的含义。它只是一个包罗万象的概念，用于解释人类所有被诱发的遵从行为。”② 有学者认为：“社会控制的研究是关于社会如何规范和调节个人行为的研究。”③ 国内有学者认为，社会控制是“通过社会力量使人们遵从社会规范，维持社会秩序的过程”，它“既指整个社会、或社会中的群体、组织对其成员行为指导、约束或制裁，也指社会成员间的相互影响、相互监督、相互批评”。④

社会控制概念逐渐被运用到越轨行为（包括犯罪行为）的研究中。有学者认为：“越轨可以定义为对某一社群或社会中被绝大多数人所接受的一套给定规范的不遵从。”⑤ 犯罪与越轨行为联系较为密切，但“越轨的概念比犯罪宽泛得多，因为后者仅指触犯了法律的不遵从行为。许多形式的越轨行为

① ［美］詹姆斯·克里斯：《社会控制》，纳雪沙译，北京：电子工业出版社 2012 年版，第 8 页。

② 转引自［美］詹姆斯·克里斯：《社会控制》，纳雪沙译，北京：电子工业出版社 2012 年版，序言第 1 页。

③ 转引自［美］詹姆斯·克里斯：《社会控制》，纳雪沙译，北京：电子工业出版社 2012 年版，序言第 1 页。

④ 费孝通：《社会学概论》，天津：天津人民出版社 1984 年版，第 181 页。转引自钟年：《中国乡村社会控制的变迁》，载《社会学研究》1994 年第 3 期，第 96 页。

⑤ ［英］安东尼·吉登斯：《社会学（第 5 版）》，李康译，北京：北京大学出版社 2009 年版，第 654 页。

并不受到法律约制”。[①] 也就是说，越轨行为不都是犯罪行为，犯罪是较严重的越轨行为。为了回应越轨行为，社会学中有四种有影响力的学说，包括功能主义理论、互动理论、冲突理论和控制理论。特拉维斯·赫尔斯奇[②]是最著名的社会控制理论家之一，他认为：“人类从根本上讲是自私的生物，通过权衡潜在的利益和可能的风险，精心计算，以做出是否实施犯罪行为的决定。”[③] 为了减少越轨行为，社会需要通过一些纽带将人们更牢固地凝聚在一起。在一个社会中，“有四种纽带将人们同社会和守法行为维系在一起：依附、责任、投入与信念。如果这些因素足够牢固，会让人无法随意违反规则，从而有助于维持社会控制和遵从。然而，如果与社会之间的这些纽带比较脆弱，过失行为和越轨行为就会发生”[④]。为了强化社会纽带的作用，必须有适当的约制措施。“约制是指其他人为了保证个人或群体遵从某项特定的规范，而对该个体或群体的行为所做出的任何一种反应。约制可以是肯定的（对遵从行为提供报酬），也可以是否定的（对不遵从行为施加惩罚）。约制

---

① ［英］安东尼·吉登斯：《社会学（第5版）》，李康译，北京：北京大学出版社2009年版，第654页。

② Travis Hirschi，有学者译为特拉维斯·赫尔斯奇，也有学者译为特拉维斯·赫斯、特拉维斯·赫希。参见吴宗宪：《赫希社会控制理论述评》，载《预防青少年犯罪研究》2013年第6期，第77页。

③ ［英］安东尼·吉登斯：《社会学（第5版）》，李康译，北京：北京大学出版社2009年版，第663页。

④ ［英］安东尼·吉登斯：《社会学（第5版）》，李康译，北京：北京大学出版社2009年版，第663页。

的施加可以是正式的，也可以是非正式的。”① 相对而言，正式的约制效力更强，但这绝不是说非正式的约制不重要。②

社会学理论认为社会控制的手段是多种多样的。虽然不同学者之间的理论各有不同，但都承认法律是重要的社会控制手段之一。随着时代的发展，法律逐渐成为社会控制的主要手段。美国著名法学家庞德认为：“在近代世界，法律成了社会控制的主要手段。在当前的社会中，我们主要依靠的是政治组织社会的强力。我们力图通过有秩序地和系统地适用强力，来调整关系和安排行为。”③ 需要注意的是，“如果立法者、法官和行政官员被教导说，法律是政治组织社会行使强力的威胁，那么他们就倾向于不去思考一下这种威胁的内容是什么，而只去考虑，在什么程度上用一般的讲法来说，这种威胁能够行得通”④。这是典型的实用主义取向的做法，这种取向过于讲求

① ［英］安东尼·吉登斯：《社会学（第5版）》，李康译，北京：北京大学出版社2009年版，第656页。

② “正式的约制由特定的一群人或一个机构执行，以确保某一套特定的规范被遵从。在当代社会，正式约制主要是指以法庭和监狱为代表的那些类型”“非正式约制是对不遵从行为作出的组织性较弱、自发性更强的反应。”参见［英］安东尼·吉登斯：《社会学（第5版）》，李康译，北京：北京大学出版社2009年版，第656页。

③ ［美］罗斯科·庞德：《通过法律的社会控制》，沈宗灵译，北京：商务印书馆2008年版，第10页。

④ ［美］罗斯科·庞德：《通过法律的社会控制》，沈宗灵译，北京：商务印书馆2008年版，第12页。该句中，“法律是政治组织社会行使强力的威胁”译为“法律是政治组织社会（通过）强力行使的威胁”可能更便于理解，其原文为“A law is a threat of exercise of the force of politically organized society”. 参见 Pound Roscoe, Social Control Through Law, Transaction Publisher（3rd）, New BrunswicK（U. S. A.）and London（U. K.）, 2006. P26.

实际效果而忽略价值判断。

三、迈向社会治理的村规民约

在世界范围内，尤其是发达国家，法律已经成为社会控制的主要手段。在我国范围内，从整体上而言，法律也已经成为社会控制的主要手段。但在局部地区，特别是偏远的农村地区，一些非正式的社会控制手段仍然在发挥着重要作用。当我们不断地谈论“送法下乡”的时候，就已经承认广大农村地区的法律供给存在不足。这就客观上为其他的社会控制方式提供了作用空间。当然，实际情况可能是：广大农村地区的社会结构尚未发生根本性变化，以地方性知识为主的非正式社会控制方式尚能满足大家基本的生产生活需要，尚未对法律产生迫切的需求。对此，“法律的变化与其他社会控制成反比”① 是一个很好的理论解释。有学者指出：“选择使用来自各地的、主要是当代的、成文或不成文的‘乡规民约’资料，观察地方权威的管辖权及其性质……能够在相当程度上反映基层政权控制辖区的某种制度性基础。”② 有学者认为村规民约应该是

① ［美］唐纳德·J. 布莱克：《法律的运作行为（修订版）》，唐越、苏力译，北京：中国政法大学出版社2004年版，第7页。

② 张静：《乡规民约体现的村庄治权》，载《北大法律评论（第2卷第1辑）》，北京：法律出版社1999年版，第6页。

带有一定正式约制色彩的非正式约制，或者说“准正式规范”。[①] 戒能通孝、平野义太郎、清水盛光等日本学者曾利用满铁调查资料研究中国农村社会的基本结构，其中包括作为社会控制方式的乡规民约。[②]

“社会控制意味着社会通过各种机制或手段对个人和集团的行为进行约束，从而达到维持社会秩序、保持社会和谐稳定、避免社会解体危险的目的。”[③] 在这种约束中，就存在个人与集体关系的平衡问题。有学者指出：“乡规民约管制的有效以村庄整体（集体）的存在为前提，虽然乡规民约也调解处理个人间关系，但协调个体和集体的关系显然是乡规民约的主要的目标。”[④] 在农村基层，比较理想的状态显然是集体与村民个人之间达成大致的权利义务平衡。但长期以来，村规民约中的民治传统不彰，而治民传统影响深远。在一段时期（初级合作社、高级合作社、人民公社）内，村民个体的话语地位不断下降。家庭联产承包责任制确立后，农村集体经济衰落，村民个体的经济独立性增强。相对而言，村集体的号召力

---

① 张晓辉、王启梁：《少数民族地区农村的社会控制与法治建设》，载《思想战线》2005 年第 2 期，第 116 页。还可以参见王启梁：《习惯法/民间法研究范式的批判性理解——兼论社会控制概念在法学研究中的运用可能》，载《现代法学》2006 年第 5 期，第 25 页。

② 陈寒非、高其才：《乡规民约在乡村治理中的积极作用实证研究》，载《清华法学》2018 年第 1 期，第 65 页。

③ 李路路：《社会变迁：风险与社会控制》，载《中国人民大学学报》2004 年第 2 期，第 10 页。

④ 张静：《乡规民约体现的村庄治权》，载《北大法律评论（第 2 卷第 1 辑）》，北京：法律出版社 1999 年版，第 23 页。

不断下降。[①] 在新的时代背景下，村集体借助社会主义新农村建设、脱贫攻坚、乡村振兴的力量，在大量公共资源的分配中重新掌握了话语权。不仅如此，由于村委会需要向各级政府部门申请专项建设经费，通过专项经费申请与审批的互动，村委会与基层政府的联系更加紧密。基层政府的动员能力更强了，村委会的政策落实也有了更强有力的后盾。在这种情况下，村委会的社会控制能力显著增强。相对而言，村民个体的话语地位下降。

与不断强化的集体约制相矛盾的问题在于，个人从集体中解放出来并由此获得个人意志的独立性是社会发展的基本规律。迪尔凯姆认为，在原始社会或前工业社会，群体是优先于个人的。在现代社会中，个人获得了对群体的优越性。[②] 从18世纪中晚期开始，在欧洲和美国，个人已从组织或集体的制约压力中解放出来。[③] 著名法学家梅因所说的"从身份到契约"实际上也是这个含义。但长期以来，我国广大农民仍然被深深地镶嵌在村集体的结构之网中。虽然"乡规民约也曾有过较大的文字改动，但这些改动很少涉及权威和村民关系、或公（集体）与私（个人）关系的再确定，也没有发展出重新建构地方政治基本架构的活动，而是在资源分配方面做一些调

① 相似观点可以参见李路路：《社会变迁：风险与社会控制》，载《中国人民大学学报》2004 年第 2 期，第 12 页。

② 参见［美］詹姆斯·克里斯：《社会控制》，纳雪沙译，北京：电子工业出版社 2012 年版，第 8－9 页。

③ 参见［美］詹姆斯·克里斯：《社会控制》，纳雪沙译，北京：电子工业出版社 2012 年版，第 7 页。

整”。因此，“我们很难认为，村民与现代意义上的‘公民’表述具有相同的涵义”。[①] 这实际上是说，“村民”不是现代意义上的完全独立的个人，其本质仍然是一种“身份”。

党的十八届三中全会作出《中共中央关于全面深化改革若干重大问题的决定》，该决定将“推进国家治理体系和治理能力现代化”作为全面深化改革的总目标之一。治理主体由一元向多元的转变是社会治理的重要特征。[②] 治理规则的多元化是社会治理现代化的重要特征。有学者指出：要“促进国家法治主导下的政府法治、地方法治、社会软法功能互补、协调发展的局面”[③]。有学者指出：国家治理法治化现代化需要“凭托国家良法（‘硬法’）与乡规民约习俗（‘软法’）”的共同作用去实现[④]。

正是在这种矛盾中，一方面要看到“十户一体”公约在促进当地农村经济社会发展中的积极作用，另一方面要看到集体的社会控制能力进一步加强、村民的个体权利没有得到充分发展。对于“十户一体”公约实施以来所取得的成绩，我们

---

① 张静：《乡规民约体现的村庄治权》，载《北大法律评论（第2卷第1辑）》，北京：法律出版社1999年版，第47页。

② 郑杭生、邵占鹏：《中国社会治理体制改革的视野、举措与意涵——三中全会社会治理体制改革的启示》，载《江苏社会科学》2014年第2期，第67页。相似观点还可参见张康之：《论主体多元化条件下的社会治理》，载《中国人民大学学报》2014年第2期，第3页。

③ 张文显：《建设中国特色社会主义法治体系》，载《法学研究》2014年第6期，第13页。

④ 徐汉明：《推进国家与社会治理法治化现代化》，载《法制与社会发展》2014年第5期，第18页。

需要给予积极的肯定，但对于其中的一些问题也需要客观看待。正是这种矛盾，为我们提供了观察村规民约转型发展的窗口。

第一章　丹寨县“十户一体”公约的提出与区域推广

丹寨县“十户一体”公约最早发源于该县的兴仁镇王家村。刚提出的时候，称之为“五户联保”公约。王家村的“五户联保”公约最早见诸新闻是在2013年。2013年10月17日的《贵州日报》头版以《五户联保“联”出幸福生活——丹寨县兴仁镇王家村“美丽乡村”建设见闻》为题作了专题报道。①“五户联保”公约是丹寨县委县政府在总结、提炼王家村最初的“五户联保”实践经验的基础上，形成统一的文本后向全县大力推广的。

作为当地主推的综合性村规民约，“五户联保”公约的社

① 据新闻报道介绍：五户联保，就是“把5户村民捆绑为一个集体，相互管理、相互制约，1户失信、5户受制。若其中1户违约，其他4户受牵连，取消享受有关惠民政策等，待整改并经村民代表大会‘验收合格’后，才恢复该集体所有权益”。陈焕春、袁天志：《五户联保“联”出幸福生活——丹寨县兴仁镇王家村“美丽乡村”建设见闻》，载《贵州日报》2013年1月17日，第1版。

会控制能力显著增强。这主要体现在三个大的方面：一是更广泛而深刻地介入村民的私生活领域。这主要体现在对村民小家庭卫生状况的介入、对村民操办红白喜事的全面介入。二是占据了更强的资源分配地位。通过结合社会主义新农村建设、脱贫攻坚项目的实施，村委会在公共资源分配方面获得了更多的话语权。三是在社会纠纷的处理上表现出更强的控制力。为了保障“五户联保”公约的实施，需要采取一系列的措施：其一，公约中不仅罚则条款繁多，而且罚则类型增加。公约通过规定罚款、承担劳务、暂停或取消惠农政策、不予办理公共事务等方式对越轨的村民进行约制。其二，规定连带责任以进一步加大违约成本。为了强化村规民约的约束力，将一定数量（五户、十户左右）的家庭结成“联户”，联户内各家庭实行捆绑式管理。① 其三，公约执行过程中的多方联动。例如公约中涉及的暂停或取消享受的惠民政策显然超出了村委会的决策范围、移风易俗相关事项的执行实际上有基层政府部门的直接参与。这些措施的综合运用，使得集体获得更强的约制能力。正是通过集体对个人生活领域的全面介入，个人对集体的依附进一步增强（相应的则是集体的社会控制能力增强），当地农村在卫生环境、产业发展、风俗习惯、社会秩序等方面都有明显转变。

那么，王家村是在什么样的背景下提出“五户联保”公

① “一户违约，其他联户同时受到牵连，联户小组农户之间形成相互监督、相互制约、相互管理直至违约户整改完毕为止。”《丹寨县兴仁镇王家村“五户联保”公约》，2017年4月26日，王家村村委会田野调查资料。

约的，“五户联保”公约的主要内容有哪些，它是如何被该地区及省内其他地区推广的，这些问题值得我们深入探讨。

第一节　王家村“十户一体”公约的提出背景

王家村距离丹寨县城24公里左右，是一个传统的苗族村寨。从县城出发，到达兴仁镇政府之后，还要走20分钟左右的村级公路才能到达。村级公路为双向单行道，遇有中巴车的时候还得找地方让行才能通过。老王家村共有118户，500余人。由于户主都同姓王，故名王家村。2016年，合并翻杠、福亚两村之后，仍称为王家村。新王家村共有462户，2160余人。长期以来，当地农民主要以农业种植为生，经济较为落后。

据新闻报道介绍：“以前，王家村柴草乱垛、粪土乱堆、污水乱泼、禽畜乱跑，房前屋后脏、乱、差。20世纪90年代初期，王家村治安秩序混乱，接边相邻村寨之间、农户之间因山林、土地、河流等引发的矛盾纠纷不断，治安问题成了该村的‘老大难’。”① 看到这段报道，相应的画面立刻在我的脑海中映现出来。虽然我没有见过20世纪90年代的贵州苗族侗族村寨，但2004年、2007年暑假我都曾到贵州省黔东南州的一些民族村寨做过社会调查，当时的所见所闻一直印在我的脑海

① 张有海：《“五户联保”联出平安村寨》，载《法制生活报》2015年12月7日，第2版。

中。即便到了今天，部分仍在使用的年代久远的吊脚楼仍会时刻提醒你，新闻报道所言并非夸张之词。

1998 年，王兴培首次当选为王家村村委会主任。当时，村里的灌溉水渠没有硬化，漏水非常严重。为了抢水灌溉，村民之间经常发生纠纷。为了促进农业生产、减少用水纠纷，王兴培当选后组织的第一项大工程就是村里的灌溉水渠建设。为了寻求支持，王兴培想到有很多领导以前在当地“挂点”（基本相当于今天的驻村干部）。经过多方努力，王兴培从相关部门争取到了实际支持——水泥。为了启动工程，王兴培自己贷款 1000 多元买了粉碎机。就这样，村民们看到他是干实事的人，就开始相信他。村民们无偿投入劳动力，用了 3 年时间，6 公里的灌溉水渠全都用预制板弄好了。至今，这些水渠仍在使用中。

2005 年，王兴培再次当选为王家村村委会主任。再次当选后，王兴培又开始着手建设下一个公共项目——自来水项目。项目开始筹备后，兴仁镇政府赠予价值 2000 元的水泥，村民每户出资 100 元。其余项目经费，主要靠王兴培去寻求各政府部门给予专项支持。2006 年，县政府赠予王家村 30 吨水泥，王家村开始建设芦笙堂。2006 年 8 月，王家村被列为第三届都匀国际摄影博览会苗族采风创作定点村寨。

为了推动工作开展，针对本村的实际情况，王兴培提出了一些具体的设想。有些措施虽然提出来了，但实施效果不理想。原因很简单，只有措施，没有人来具体落实。为了解决无人可用的问题，王兴培花了心思。据王兴培介绍，村里在

2008—2009 年开始提出“五户联保”。当时，他组织寨老、村干部、党员、村民代表整整开了 3 天会。刚开始，讨论的结果是由族长来管理；但最后讨论的结果是在家族内实行“五户联保”、族长总负责。户长由联户自己推选，推选的户长要讲信用。这就是“五户联保”措施的起源，但当时的具体内容并没有现在这么完善。2010—2012 年的主要工作是抓卫生，卫生搞得好的，惠民政策优先享受；什么都不做，或者做得差的，就少享受优惠政策。村民逐渐增强对“带头人”和村委会的信任，村民齐心协力、相互促进。① 王家村的工作取得了成效，引起了县领导的高度重视。2013 年，丹寨县委书记在实地调研后，很快就指示相关部门协助王家村制定了较为规范的“五户联保”公约。

第二节　王家村“十户一体”公约的主要内容

从 2017 年底开始，王家村“五户联保”公约全面改称“十户一体”公约，但并未对文本进行正式修改。为了让大家对公约内容有一个全面的认识，此处将 2017 年 4 月田野调查中收集的《丹寨县兴仁镇王家村“五户联保”公约》（以下简称《王家村“五户联保”公约》）文本呈现给大家。

① 2017 年 4 月 27 日，王家村村委会主任王兴培访谈资料。非常遗憾的是，由于时间久远，当时的会议记录资料未能保存下来。

丹寨县兴仁镇王家村“五户联保”公约①

为规范我王家村社会管理，全面深化我村村民自治，倡导文明、进步、诚信的社会氛围，增强自我管理、自我服务、自我监督的自觉性，促进和谐稳定，让全村人民安居乐业，过上幸福的生活。结合我村实际，特制定本村“五户联保”公约：

一、“五户联保”公约内容

（一）联卫生，保环境

1. 本村村民应自觉遵守爱护环境卫生，每天清扫自家室内外的垃圾并进行焚烧处理，养成爱护卫生的良好习惯。

2. 每户人家在开展庭院卫生清理时要做到一日一清扫，日清日结；每个联保组要进行一周一扫除，一月一整顿，保持房前屋后庭院及店堂、门面环境卫生干净整洁，无阴沟积水、无污泥恶臭、无乱堆乱放、无禽畜乱跑乱屙现象。

3. 每户要实行“门前三包”责任制，即：包清扫保洁，包不乱扔乱倒垃圾，包不乱倒生活污水；杜绝公共场所随地吐痰，乱扔杂物，损坏公物以及乱涂乱画，乱贴、乱刻、乱挂等不文明行为；不随意砍伐树木，践踏绿地、花卉，损坏花坛等破坏绿化行动。

4. 每户人家都必须杜绝乱搭、乱建违章建筑等破坏村容寨貌，影响群众日常生产生活的行为。

5. 团结和睦相处，互相关心，互相照顾，不骂脏话、粗话，养成良好的生活习惯，共同关心和支持创建美好的环境卫

① 2017 年 4 月 26 日，王家村村委会田野调查资料。

生工作。

6. 以上规定每个村民应自觉遵守，如有违反者，并在公示牌内每次给予公示，挂“卫生脏乱差”黄牌警告，并责令整改，情节严重的，每次给予处罚（交纳）50～200元的违约责任金。村委会都将定期或不定期地进行卫生督查评比，做到每月一小评，半年一大评，年终一总评，对自觉遵守本规定的村民、经营户，由村委会授予“文明卫士”荣誉称号，对表现突出的农户给予一定的奖励。

（二）联治安，保稳定

1. 各户遵纪守法，积极参加“平安村寨”的创建活动，搞好家庭治安防范。严禁群众参加群众性械斗和打架斗殴、寻衅滋事；严禁偷盗抢劫、打架斗殴、参与吸毒、酗酒闹事、带头非法上访、信奉邪教、赌博、嫖娼等行为；严禁制作、出售、传播淫秽物品；严禁包庇、窝赃、窝藏坏人。如有违反，除接受法律惩戒外，还要义务为群众“以身说教”开展法律宣传1～6个月。

2. 严禁非法制造、买卖、携带管制刀具、火枪；严禁收藏雷管、炸药、枪支弹药等爆炸物品和其他危险物品。违反者，责令其向公安机关投案，交出危险品，并义务在村内范围排查危险品6～12个月，并交违约责任金50～200元。

3. 严禁在公路、桥梁、涵洞、水库、水利两侧挖沙取土，放炮取石；严禁做危害交通、水利、通信、车辆安全等任何行为。违反者，视情节交纳违约金50～200元，并责令消除危害，义务看护管理该被损害对象6～12个月。

4. 严禁采取粗暴方式解决边界、山林、土地、房屋、水利、电力、婚丧、家庭、财产、邻里等纠纷，除当事人自行及时达成调解协议外，应当及时申请村、组、联保予以调处。违者造成不良后果，视情节报请有关机关或部门惩戒外，责令交纳违约金50～200元。

5. 严禁各类封建迷信活动，严禁参与非法宗教派性、清源祭祖活动；严禁参与邪恶势力、邪教组织。违反者，移交公安机关处理或惩戒外，交纳违约金50～200元，责令义务宣传革除陋习、反对邪教等法制宣传、综合治理6～12个月。

6. “珍爱生命，远离毒品”，积极掌握毒品知识，了解毒品危害，户户争创“无毒家庭”，人人争当禁毒宣传员，做到“不吸毒、不贩毒、不制毒、不运毒、不种植毒品原植物”。违反者，移交有权机关处理或惩戒外，交纳违约金50～200元。

7. 不参与赌博，不组织赌博，不提供赌博场所，发现赌博要及时制止或举报。违反者，移交公安机关处理或惩戒外，交纳违约金50～200元。

（三）联安全，保平安

1. 做好农村消防、森防及道路交通安全工作；积极参与村级防火池、垃圾池和危险路段标识建设；积极参加村里组建的夜间巡防队、应急救护队并加强培训演练，确保关键时刻“拉得出”“打得赢”；配合做好各类机动车辆的登记、建档及管理工作，强化对营运车辆、摩托车等的监督管理。

2. 严禁损坏公路沿线树木、桥梁、涵洞、排水沟、路面以及各种路政设施。违者，视情节责令赔偿和修复，并义务管护该段公路1～3个月。

3. 严禁在公路上晒谷、游戏、玩耍、堆放物质、设置障碍。违者，视情节给予批评教育，清除妨害或交公安、路政管理机关处理，并责令义务管护该段公路2～4个月。

4. 严禁携带易燃、易爆、剧毒及其他危险品乘坐各类客运车辆。遵纪守法，严禁违章载客或乘坐违章摩托车、农用车、三轮车、拖拉机以及其他车辆。违者，发生交通事故，视情节责令做义务交通安全宣传5个月。

5. 严格管理好生产、生活用火、用电，不在易燃物附近生火、吸烟、燃放烟花爆竹。教育监护好未成年人不准玩火，监管好精神病患者和监护好老人用火，不能发生火灾事故。

6. 做好柴火堆放。严禁做林区、草坡以及其他政府规定的野外用火。违反者，责令清除整改，并交纳违约责任金100元作为防火宣传费用，并责令野外宣传防火常识15天，造成损失的，交由森林公安机关追究其刑事责任。

（四）联产业，保富裕

1. 村民要积极围绕“一村一品”“精准扶贫”工作要求，选准产业致富项目，切实解决增加农民自我增收问题。

2. 结合实际，积极主动发展产业，严禁好吃懒做不做行为，违者，不得或暂缓享受国家各种救助或优惠政策。

3. 充分利用资源，主动并积极实施国家“精准扶贫”项目，违者，不得或暂缓安排扶贫项目。

（五）联人心，保活力

1. 配合村两委抓好村务公开、促进村两委廉洁自律建设，做好公益建设；做好关爱老弱病残和邻里互助工作；做好公平公正评选兑现惠民政策。

2. 每户人家都要互相帮助，团结友爱，不吵架、不骂人、不打架；违者，责令交违约金50～200元。

3. 尊老爱幼，善待老人，主动帮助老弱病残；违者，责令交违约金50～200元。

4. 团结一致，互相监督，互相制约，自觉遵纪守法；对不团结、不互相监督，不遵纪守法和挑拨离间的，自愿交违约金100～200元。

二、违约说明

1. 联户小组实行捆绑管理。一户违约，其他联户同时受到牵连，联户小组农户之间形成相互监督、相互制约、相互管理直至违约户整改完毕为止。

2. 对联户小组在遵守国家政策及服务农村的各项工作进行年终评比，评比结果与各项惠民政策及帮扶项目、物质的分配挂钩，在产业发展、金融信贷和各项惠民政策上优先给予考虑。

3. 本村“五户联保”公约，自群众大会通过公布之日起实施。

该公约于2013年经群众大会通过之后公布实施。此后，该公约经丹寨县党委讨论后在全县全面推广。通读该“公约”

全文，有如下八点基本认识：

一是文字表述较为规范。虽然如此，仍存在一些小的问题：首先是文中存在个别错别字，但不影响阅读。其次，“公约”中存在“违约金”“违约责任金”交叉使用的情况。相对于20世纪90年代的村规民约，在文本规范性方面有了明显的进步。

二是规定细致。以该“公约”中的“联卫生，保环境”部分为例，该部分既有宏观性的倡导，又有具体规定；既有打扫卫生的周期，又有打扫卫生的范围；既有每家每户家庭范围内的卫生要求，又有联保组范围内的公共卫生要求；既有一般卫生打扫的标准，又有禁止违章建筑的要求；既有惩罚性违约金，又有卫生评比规则。这既体现了规定的细致，也体现了村规民约的规范性程度高。

三是道德化倾向较为明显。例如“联人心，保活力”部分第3条规定：“尊老爱幼，善待老人，主动帮助老弱病残；违者，责令交违约金50～200元。”在涉及特殊群体（老年人、小孩）的权益保护的法律法规中，这种倡导性规定也是常见的。但该条后半句的规定则显得过于生硬了，事实上也难以执行。

四是法制宣传意味浓厚。这在“联治安，保稳定”和“联安全，保平安”两部分体现最为明显。这两部分的内容很容易让人联想到车站、公路、森林等公共场所常见的宣传标语。这么说，丝毫没有批评的意思。实际上，正是这种“重复式的规定”让社会治安管理法律法规、交通道路法律法规、消防安全法律法规知识进入了乡村。当然，其中也有一些重要的新内容，如“联安全，保平安”部分第1条规定的“配合做好各类机动车辆的登记、建档及管理工作，强化对营运车辆、摩托车等的监督管理”，后文将结合相关案例进行分析。

五是罚则规定数量较多。罚则规定较多是村规民约中长期存在的问题，在5部分共26条规定中，有11条直接规定了“违约金”或者“违约责任金”。这其中，还有概括式的规定，可以将“违约金”或者“违约责任金”适用到相应的情形中去，如“联卫生，保环境”部分第6条的规定。

六是罚则类型多样化。这是相对于20世纪90年代的村规民约的一个较为显著的变化。这种多样性体现在如下几个方面：首先是将福利政策享受纳入罚则。如果村民不遵守村规民约，那么就不能或暂缓享受政策优惠。其次是将义务宣传、义务看管等内容纳入罚则。在其他村组的调研中，还有一些不在文本中的惩罚性规定。如在对白元村村干部进行访谈的过程中，有村干部就讲道：“我们跟村民讲，这些政策你不配合，那你下次来找村委会办事盖章的时候，我也拖着呢。”① 这是“看不见的规则”，但对生活在农村中的人而言，这些规则往往是非常奏效的。

七是对产业发展的重视。利益是法律调整社会关系的重要手段。该“公约”中的“联产业，保富裕”部分就在一定程度上体现了“公约”对“利益”这个杠杆的充分运用。在全

① 2017年4月24日，白元村村干部访谈资料。

面脱贫攻坚的过程中，贵州是重点脱贫帮扶省份之一。近些年，中央政府、对口帮扶企业在贵州投入了大量的人力物力财力。在“造血”脱贫过程中，就有很多地方产业发展项目。这些优惠措施都与村规民约的遵守执行进行了绑定。不可否认的是，当地在产业发展方面做了很多实实在在的工作。这是以前的村规民约中没有或者很少涉及的内容。

八是“联保”规定。“违约说明”部分第1条具体界定了“联保”的含义。有关“联保”的历史渊源与理论障碍，将在后文中进行专门分析。

第三节　王家村“十户一体”公约的区域推广

一、丹寨县内“十户一体”公约的推广

王家村“十户一体”公约的实施取得显著成效之后，得到了丹寨县委的重视。为了将该公约推广到全县，县委领导做了很多努力。2013年，“为帮助王家村提炼‘五户联保农村基层自治管理经验’，丹寨县委书记侯美传在农家蹲点调研，然后在全县推广，让更多的人民群众得到实惠”①。“为强力推进‘五户联保’工作开展，丹寨县于2013、2014、2015年先后三次发文，号召全县各乡镇各村居推行王家村‘五户联保’社

① 张有海：《“五户联保”联出平安村寨》，载《法制生活报》2015年12月7日，第2版。

会管理经验。各村居在村两委和联保小组之间，在保留村民小组的基础上，增设寨管委，形成‘村两委——寨管委——村民小组——联保小组’四级管理体制。该县 91 个村居、共设 152 个寨管委、901 个村民组、5435 个联保小组，‘五户联保’和‘四级管理’纵串横联，形成一张疏密有致的基层社会管理网络，乡村整治成效显现”。①

为了进一步落实该政策，王家村制定了《丹寨县兴仁镇王家村党员网格化管理 开展“联人心，保活力”活动实施方案》。“方案”指出，“工作目标”就是“依托我村的地势、路、自然寨等布局现状，以村民为服务对象，以各网格为一个区域，在每个网格区域明确 1 名党员负责，其他党员协助，实时了解、走访和收集网格内村民的家庭、思想、卫生、产业、生活等情况，实现基层党组织管理对网格村居民全覆盖、全方位、全过程动态管理和服务，实现第一时间发现问题，第一时间处置问题，第一时间知晓困难，第一时间帮助村民，第一时间发现矛盾，第一时间化解矛盾目标，确保问题解决在网格，困难帮助在网格，矛盾化解在网格、增收致富在网格，构建村寨和谐、家庭和睦、邻里和气、人有活力的工作局面”。在这些网格中，村民的个人隐私大为减少，个人行动自由受到种种约束。

---

① 王平、王春兰：《丹寨“五户联保”：打造乡村社会治理“枫桥经验”升级版》，载《法制生活报》2015 年 12 月 31 日，第 1 版。

2015 年初，丹寨县开始对“五户联保”公约进行全面升级。[1] 在丹寨县开始全县推广的时候，“五户联保”并不是要求严格的“五户”。在“丹寨县龙泉镇高要村‘五户联保’协议书”的“工作要求”部分，就讲到“在村两委领导下，以自然寨为基本单位，原则上按每 5～10 户联成一个联保小组，联保小组设户长，户长实施对联保小组履行‘五户联保’公约情况的检查督促。联保小组组合可采取先联户再选取户长或先选取户长再组合联保户的形式，以家庭联户或自愿联户为前提”。当然，“联保”的内容没有变化。

二、其他地区“十户一体”公约的推广

在丹寨县 2015 年全力升级“五户联保”基层社会治理经验的同时，就有其他县前来学习经验。2015 年，同属黔东南州的台江县开始推广“十户一体”发展模式。当地“根据农户家庭情况，把居住相邻、技能相似、产业发展意愿相同的

---

① 据新闻报道介绍：“2015 年年初，丹寨县全面强力推行‘五户联保’基层社会治理工作，运行一年多来，该治理模式曾得到中央党的群众路线教育实践活动督导组的高度评价和省、黔东南州主要领导的充分肯定。同时明确丹寨县委副书记、县委政法委书记吴才亮具体负责此项工作，组建‘五户联保’提升工作组。2015 年 3 月 25 日，丹寨县‘五户联保’提升工作组将撰写的《关于进一步提升五户联保基层社会管理工作的实施意见》（征求意见稿）通过征求乡镇、部门及相关县领导的意见后，呈送侯美传审阅。2015 年 5 月 19 日，侯美传主持召开县委常委会议再次审定《关于进一步提升五户联保基层社会管理工作的实施意见》（征求意见稿），在会议通过后，他要求立即印发各乡镇和县直机关部门组织实施，全力打造丹寨县‘五户联保’升级版。”张有海：《“五户联保”联出平安村寨》，载《法制生活报》2015 年 12 月 7 日，第 2 版。

10 余户农户组建成一个‘发展主体’，均衡配置好、一般、差和党员、非党员等几类农户比例，明确致富能手和带动能力强的 1 户农户为‘户长’”①。新闻报道还介绍了当地养牛“发展主体”、种植“发展主体”的事例。

台江县是贵州省内第一个学习借鉴丹寨县“五户联保”基层社会治理经验的县份。但是，这个学习者却给丹寨县的相关领导带来了一个不大不小的“烦恼”。台江县在学习借鉴之后，并没有沿用“五户联保”的称呼，而是改用了“十户一体”。根据丹寨县相关单位的介绍，台江县的“十户一体”与“五户联保”在具体内容方面没有明显变化。因此，丹寨县的相关领导比较纠结，到底是继续称“五户联保”，还是改称“十户一体”呢？如果改称“十户一体”，似乎又成了丹寨县向台江县学习了。2017 年，笔者在王家村调研的时候，时任村党支部第一书记刘振兴就曾提出该问题。笔者当时就向他解释，“五户联保”这个“联保”存在理念上的问题，容易让人联想起历史上的“联保”政策，产生不好的印象。如果让笔者选择，肯定是选择“十户一体”。即便实际内容没有明显变化，但是在宣传推广过程中也会减少很多不必要的麻烦。如果你们向县领导汇报，也可以向他们建议更改名称。要打破一些

① 李银、杨洪涛：《贵州苗寨：“十户一体”抱团脱贫》，载《经济参考报》2015 年 12 月 8 日，第 5 版。相似报道还可参见李银、杨洪涛：《苗寨“十户一体”抱团脱贫》，载《贵州民族报》2015 年 12 月 11 日，第 1 版；伍姝嫱：《台江“十户一体”抱团发力决胜小康》，载《贵州日报》2016 年 12 月 22 日，第 18 版。

观念上的局限，敢于正视原有政策中的不足。①

同样是在 2015 年，贵州省毕节市威宁彝族回族苗族自治县石门乡也开始探索“十户一体”扶贫工作。新闻报道指出：“‘十户一体’的核心是‘连’。以前由于村民居住分散，仅靠三五个村干部，要把党的好政策宣传到每家每户的确有难度，经常召集村民开会也不太现实。”“十户一体”公约实施后，村民对党务村务的了解加深了，“村民对党务村务工作一清二楚，对村‘两委’也信任了，村组织的形象威信也就自然树立起来了。”② 该段文字清楚地表明了“了解”与“信任”之间的关系。2017 年 5 月，威宁县七里冲被民政部确定为贵州省唯一的以自然村为基本单元的村民自治试点单位，探索“村委会 + 村民理事会（自管会） + 十户一体”的村级发展管理模式。③

2017 年，贵州省安顺市关岭布依族苗族自治县开始“推广‘五户联保’养牛模式，覆盖该县 139 个行政村，实现深

① 王家村，2017 年 4 月 27 日，时任王家村党支部第一书记刘振兴访谈资料。

② 许学义、高胜利：《“十户一体”：让群众“抱团”发展》，载《毕节日报》2016 年 10 月 31 日，第 1 版。

③ 黄娴、孙远桃：《威宁自治县七里冲自然村——十户一体 抱团脱贫》，载《贵州民族报》2018 年 6 月 4 日，第 1 版。

度贫困地区的群众养牛脱贫”①。

三、黔东南州“十户一体”公约的推广

2017 年 7 月，黔东南州委下发了《关于全面推广“十户一体”抱团发展模式的实施意见》。该意见指出：健全村级治保组织，选好配强治保主任；大力推进网格化管理，构建以“十户一体”为小网格、村民小组为中网格、村委会为大网格的精细化管理防控体系，将重点人员、智障人员、留守妇女、留守儿童和留守老人等纳入台账管理，明确监管责任人，深入推进户户联防、寨寨联防和村村联防；利用“十户一体”成员现有的移动电话建立“十户联防”信息平台，实现发生警情时“一家求助，十家报警”的快捷互助互救效果。②

2017 年 7 月，贵州省黔东南州天柱县渡马镇全面启动“十户一体”抱团发展战略。据新闻报道介绍：“渡马镇各村都建立了社会治安联合主体，村民由以前的被管理对象变成了社会管理主体，对本村事务从被动参加到主动参与，村民自我管理能力被激活，群众参与村级社会管理活动的积极性、主动

① 据介绍：“‘五户联保’养殖模式，主要以村合作社为龙头，贫困户申请 5 万元特惠贷入股合作社，再以 1 户或 2 户非贫困户与 4 户或 3 户贫困户自由组合为一个养殖小组，每户可在村集体专业合作社承包 5 头牛养殖，5 头牛中至少养殖 2 头能繁母牛，其他 3 头可为育肥牛。农户饲养的牛由合作社销售，卖牛后本金归合作社，增值部分的 80% 归饲养农户，合作社提成 20% 用于支付村集体入股分红及其他费用。”胡丽华、郎万华：《关岭——“五户联保”拔穷根有途径》，载《贵州日报》2017 年 9 月 2 日，第 1 版。

② 刘安康：《黔东南——“十户一体”抱团发展 夯实农村消防安全管理》，载《法制生活报》2017 年 7 月 18 日，第 1 版。

性大大提高，有效实现了村民自治。”① 其中，体现村民“主体性”的内容最令人关注。只有从“客体”变为“主体”，村民的自主性才会被激发。

2018 年 8 月，时任王家村第一党支部书记刘振兴告诉我，王家村的“五户联保”公约在 2017 年下半年也改为“十户一体”公约了，具体内容没有变化。

从上述“十户一体”政策的推广及发展过程来看，我们可以看到理念的变化，尽管其中仍然存在值得进一步探讨的问题。更重要的是，我们看到了“连”“了解”“信任”“主体”“主动”“参与”“自治”这些社会主义新农村建设中真正需要的关键词及其地方实践。应该说，新闻报道中涉及的这些关键词是发展村民自治的关键，也是村规民约真正成为社会治理多元化规则中重要一环的关键。

本章小结

如前所述，“十户一体”经历了一个从村民的自发措施，到相关职能部门协助下制定的村民公约，再到县委主导下全县推广公约的发展过程。在这一发展过程中，一个重要的特点就是公约产生了实际效果。王家村村委会提出这一措施，是为了解决村里的实际问题。县委领导去调研并指示相关部门指导王

① 史玉根、吴美霖：《“十户一体”有效实现村民自治》，载《中国妇女报》2018 年 2 月 3 日，第 3 版。

家村制定村民公约，是因为看到了王家村实施该措施的实际效果，因此县委大力推广“十户一体”公约。这表明“十户一体”公约在当地人民群众心里有一定的认同基础，在客观上也有较为显著的实施效果。

该公约的做法确实扩大了基层民主的范围。以前村委会由2~3个主要干部负责全面工作，小组长参与度不高，这就可能导致村委会与村民之间的交流不太充分。现在，除了村委会以外，还有寨管会、职能工作小组、户长都来参与村务管理，这就使得党务村务的参与度、公开度都有了一定程度的提高。总而言之，“十户一体”公约扩大了基层民主的范围，促进了村民自治发展。但村委会所管理的事项大为增加（甚至介入村民的私权领域）、管理的方式也更为强硬，这就使得村民的个人权利受到严重的挤压。两者之间的矛盾，将在后文中作深入探讨。

第二章 “十户一体”公约中的消防卫生工作与村规民约转型

在村规民约中，消防安全与环境卫生属于较为常见的内容。但在“十户一体”公约体系中，关于消防安全与环境卫生的内容和其他村规民约相比，有一些不同的地方：一是消防安全与环境卫生被提高到比较突出的位置；二是内容更为细致；三是配套制度更为完善，执行也更有力。

第一节 消防安全工作与村规民约转型

当地对消防安全的重视，主要是由于传统的木质吊脚楼容易发生火灾。新建的房屋多数为砖木混合结构，即 1 楼用混凝土、砖头，2 楼用木料。有些村寨为了保持原有风貌，会在新建的砖混结构房屋外面再加一层木板。不仅如此，原有村寨布局中，房屋较为密集。一旦发生火灾，受灾的往往不止一户人家，而是一片民房。2014 年 12 月 12 日，黔东南州剑河县久仰乡久吉村发生火灾，60余栋房屋被毁，176户619人受灾。当年遭受火灾的久吉苗寨是剑河县最大的苗族村寨之一，有200多年历史，也是剑河县苗族传统文化留存保护较为完整的村落，曾入选《中国世界文化遗产预备名单》。① 2016年2月20日，黔东南州剑河县岑松镇温泉村发生一起火灾，造成60栋民房被毁、120人受灾。事后，相关部门研究决定：对岑松镇党委书记、镇长给予停职处理；对岑松镇分管副镇长给予免职处理；对岑松镇温泉村驻村干部给予召回处理。② 这些都是严重的教训。现在，很多村里都用上了自来水。自来水布局时，在寨子里设置和城市里一样的消防栓。在丹寨县龙泉镇高要村调研的时候，笔者曾亲自打开消防栓进行测试，消防栓处于实际可用状态。

一、消防安全工作规范体系

在“十户一体”公约中，有专门的条款涉及消防安全工作，要求各村“做好农村消防”工作，修建村级防火池。建立巡防队、规范生产生活用火用电、规范野外用火以及设置相应的罚则内容。

除“十户一体”这一综合性公约外，一些村还制定了专

① 新华网：《贵州剑河苗寨惨遭“火烧连营”村干部家中最先起火》，网址：http：//www. xinhuanet. com/politics/2016－02/21/c_ 128736999. htm，访问日期：2018－08－24。

② 搜狐新闻：《贵州剑河苗寨火灾被追责：镇党、政一把手停职》，网址：http：//news. sohu. com/20160226/n438641517. shtml，访问日期：2018－08－24。

门的防火公约。例如，龙泉镇高要村制定了《高要村村民防火公约和十不准》。该公约对村寨内的消防安全问题作了较为详细的规定，举其要点：1. 严禁乱堆乱放、私搭乱建、乱接电线、焚烧杂物。2. 严禁私用消防设施，积极参加消防知识培训。3. 积极参加火灾救援，防止因私废公。4. 杜绝小孩玩火、封建迷信用火。5. 对于检查中发现的问题及时整改并处罚。6. 引发严重后果的，承担法律责任及村规民约中规定的其他责任。7. 外来人员进寨的规范遵守。[①]

此外，高要村还制定了“高要村鸣锣喊寨、护寨、守寨巡逻队工作制度”。要求巡逻员“巡逻时必须确保走遍村寨每一个角落；喊寨时应保证每个群众都能听到，且清楚和明白；守寨人员保证24小时在位”，“巡逻喊寨，每天在早、中、晚每个时间段不得少于1次，夜间不得少于3次，时间间隔在2～3小时。巡逻喊寨中发现火灾应及时报警和呼喊群众扑救；发现火险隐患应及时排除，并做好登记，对重大隐患及时上报防火委员会”。2014年，村综治安监员汪昌德每天要“鸣锣喊寨”三次。早上九点，在村民出门干活前，他就会敲着铜锣提醒大家安全用电、打扫干净灶塘；中午十二点左右喊第二遍；晚上九点左右提醒大家睡觉前检查自家火、电有没有隐患。当然，现在已经全部改成了喊广播。如果当年发生了火灾，高要村根据自己的实际情况和民族特色，会在冬季选个好日子，进行“扫寨”活动：家家户户把家里的火灭掉，禁火

① 参见附录1：贵州省丹寨县龙泉镇高要村村民防火公约和十不准。

一天，每家出一些钱，买米、买酒、买肉，在河边煮饭、吃饭，寨老利用全寨人都来的机会向大家宣传防火知识，增强大家的消防安全意识。

王家村不仅制定了《王家村消防安全公约》，还与邻村一起制定了《毗邻村寨灭火联防公约》。该公约由岩英村民委员会、王家村民委员会、排佐村民委员会共同签订，签订时间是2016年2月。但比较奇怪的是，该联防公约中完全没有提及“消防”“灭火”字样，公约里讲的都是关于纠纷调处、沟通信息、群防群治事项。

二、消防安全工作组织机构

在公约制定后，各村就成立了多个相应的“职能小组”。一般是由村支书、村委会主任、村文书、村会计、村委会副主任、村治保主任、村安监员、妇女主任加上各小组组长、联保户长一起，组织各户代表分配到各职能小组中。在一个寨子有两个及两个以上村民小组的时候，还会成立寨管委。

以王家村为例，村内成立了王家、翻杠、福亚三个寨管委。寨管委主任一般由寨子里德高望重、平时热心参加各类公共事务且群众信任的人担任。每个寨管委都配有1名村干部（包括驻村第一书记、党支部书记、村委会主任、村委会副主任、综治安监员），具体工作由寨管委主任负责。寨管委又分设红白喜事组、环境卫生组、产业发展组、消防安全组、矛盾纠纷调解组，寨管会及各职能小组都有较为明确的工作职责。其中，消防安全组的基本职责是：“认真抓好本自然寨的农村消防、治安安全管理等工作，通过‘一事一议’项目和包村部门的帮助，加强本自然寨消防水池建设，配备消防设施，组建本自然寨应急消防队伍并开展训练、演练，每天开展鸣锣喊寨、消防巡查；加强本自然寨群众的交通出行安全监管特别是车辆监管，搞好本寨治安联防等工作。”①

三、消防安全工作中的村规民约转型

从上述消防安全工作规范及组织机构情况中可以看到这样几个特点：一是消防安全制度体系较为完备。如上所述，不仅在综合性的“五户联保”公约中有专门的消防安全条款，而且有专门的配套制度。这些制度指向村民日常生产生活中常见的消防安全问题，针对性很强。二是消防安全组织机构较为完备，且运行正常。在很多农村都根据政府部门的要求“设置”了消防安全工作小组，但实际运行情况较差。笔者在调研过程中发现，当地的消防设施、消防工作小组的运行情况都正常。三是罚则较多，且较为严厉。《高要村村民防火公约和十不准》与该村的“十户一体”公约相比较而言，有两个特点：首先是其将相关责任明确表述为“罚款”，与“十户一体”公约有明显不同。其次是罚款金额较高，如第 8 条规定：“引起火灾事故者，除按法律法规处理外，村委会对其罚款 1500 ~ 2000 元。”这既说明当地村民对消防安全问题的重视，也说明在县委全力推广“十户一体”政策的同时，当地村民仍具有

① 参见附录2：贵州省丹寨县兴仁镇王家村寨管委工作职责。

一定程度的自主性。四是个别要求道德化倾向明显。这主要体现在救火要求上，如《高要村村民防火公约和十不准》第9条规定："发生火灾时，任何村民必须服从命令，听从指挥，严禁私自行动，违者罚款50元；对不参加救火，只顾个人利益抢救自己物资的，除罚款100元外，并将抢救的物资归全村所有。"不得不说该条文的后半句对村民提出了过高的道德标准。五是综合评比持续开展。在各村的定期评比中，消防安全属于固定的评比事项，如果发生消防安全事故，要扣分。

上述几点体现了在"十户一体"公约体系下，村委会对本村的消防工作有了更明确的工作职责、更严密的制度体系、更完备的组织结构、更高标准的道德要求。相关制度的制定、运行、落实体现出当地村集体较强的组织动员能力。

第二节　环境卫生工作与村规民约转型

在环境卫生方面，调研的各村都没有制定专项公约。主要有两方面的原因：一是环境卫生事项没有消防安全那么紧急，二是"十户一体"公约已经就环境卫生事项作出了较为详细的规定。

一、环境卫生工作规范体系

对《王家村"五户联保"公约》"联卫生，保环境"部分的内容进行梳理，该部分既有宏观性的倡导，又有细致的规定。举其要点如下：1. 既有关于打扫卫生的周期，又有打扫卫生的范围。如第2条规定：“每户人家在开展庭院卫生清理时要做到一日一清扫，日清日结；每个联保组要进行一周一扫除，一月一整顿。”打扫的范围，既包括房前屋后，也包括家庭内部。2. 既有每家每户家庭范围内的卫生要求，又有联保组范围内的公共卫生要求。如第1条规定要对“自家室内外”卫生进行打扫，第2条规定要对联保组范围内的公共卫生进行打扫。3. 既有一般卫生打扫的标准，又有禁止违章建筑的要求。如第3条规定：“每户要实行‘门前三包’责任制，即：包清扫保洁，包不乱扔乱倒垃圾，包不乱倒生活污水；杜绝公共场所随地吐痰，乱扔杂物，损坏公物以及乱涂乱画，乱贴、乱刻、乱挂等不文明行为；不随意砍伐树木，践踏绿地、花卉、损坏花坛等破坏绿化行动。”第4条规定：“每户人家都必须杜绝乱搭、乱建违章建筑等破坏村容寨貌，影响群众日常生产生活的行为。”4. 既有惩罚性违约金，又有卫生评比规则。如第6条规定对违反者进行警告、责令整改并可罚款，对评比优秀者给予奖励。这些规定对于村寨环境卫生工作而言，内容已经较为全面、要求也较为具体。

二、环境卫生规范实施机制

环境卫生工作是村民日常生活中最基本的生活需要，但长期以来，有些苗寨、侗寨的环境卫生条件较差。要扭转这一局面，既需要花大力气，又需要长期坚持。自实施“十户一体”公约以来，当地村委会在这方面下了硬功夫。从实施机制上看，相关规定主要由寨管委下设的环境卫生组负责实施。在刚开始推行环境卫生制度的时候，这确实是一件非常让人头疼的大事。为此，镇政府、各村委会采取了很多的办法：

（一）村干部的表率作用

在高要村调研过程中，村干部说，刚开始搞“十户一体”的时候，也有不积极的。有农户不搞卫生，村委会主任、户长就带队去他们家搞卫生。他们把这叫作“扫脸”——扫面子。他们解释说，由于去帮助搞卫生的人比较多，周围的农户都能看得到。其他人就会觉得，某某人自己家的卫生搞不好，还要村干部来帮忙。被帮助的家庭就会觉得没面子，以后就会注意了。这样一来，大家的卫生意识就慢慢提高了。从几个村的调查情况来看，卫生情况都比较好。在王家村调研的时候，笔者看到有村民在打扫村办公楼房前屋后的卫生。展良村也安排了2 名贫困户无偿打扫公共区域卫生。这些实实在在的行动，既起到了带头作用，也体现了村干部良好的工作方法。

（二）象征性的奖励措施

和王家村一样，其他村在开始推广“十户一体”公约的时候，都感觉有一些压力，甚至是阻力。因此，很多村委会都采取过适当奖励的措施，激发村民的积极性。在高要村进行调研中，村干部介绍说，刚开始搞卫生评比的时候，有的村给先进农户奖 1 个扫把，并挂 1 面流动红旗。但是，有村民表示不喜欢流动红旗，于是将流动红旗换成了 1 块毛巾。卫生搞得好的联保小组，村委会给该组每个农户发 1 块毛巾。2014—2016

年，每个月都搞卫生评比。2015 年 9 月，村里最多的一次买了 100 多条毛巾，花了 500 多元。由于卫生环境搞得好，镇里 2014 年奖励了该村 6000 元，2015 年奖励了 10000 元。后来，大家都自觉搞卫生了，好的环境让大家都感到舒服。因此，卫生奖励措施就基本停止了。

搞奖励促进政策落实的不止高要村，白元村也曾经采取过类似的做法。据白元村的村干部介绍，现在遇到上级来检查，大家临时搞个卫生也都没有怨言了。在各村的实地调研中，笔者可以看到每个村都有卫生检查记录，有些村还会给检查中发现问题的农户下达“整改通知书”。

（三）适当的惩罚措施

在高要村调研的时候，据驻村扶贫的干部介绍，村里刚开始搞“十户一体”的时候，也有过 1 次罚款，对 5 户村民进行了罚款，每户罚款 50 元。① 这与《高要村村规民约》的具体规定有所不同。2014 年制定的《高要村村规民约》规定：“实行门前‘三包’，村两委检查发现门前卫生不合格的，检查者对该户进行口头警告、责令其清理干净；发现两次不合格者，对该户进行 10 元的罚款；第三次仍不打扫卫生的，取消该户一切惠民政策，直至该户自觉遵守‘五户联保’公约为止。”② 这条规定显然是对“十户一体”卫生措施的细化，具

---

① 2017 年 4 月 25 日，高要村村委会，县信访局驻村扶贫干部访谈资料。

② 2017 年 4 月 25 日，高要村村委会，田野调查资料。

有一定的特色。村规民约与实际罚款之间的出入表明村规民约的执行具有一定的灵活性。这种灵活性其实也是村规民约实践中的重要特点之一。[①] 实际上，该村没有人因为卫生问题被取消惠民政策。

在展良村调研的时候，据驻村扶贫的干部介绍，村里刚开始搞“十户一体”的时候，也有过罚款，卫生搞不好的家庭罚款 50 元。[②] 虽然金额不多，但在村民心里会产生较大的影响。大家就会觉得还是要搞好卫生，要不然面子上过不去，还要被罚款。

三、环境卫生工作中的村规民约转型

通过对“十户一体”公约中环境卫生相关规范及其实施机制的梳理发现，当地在环境卫生工作方面具有如下特点：

一是环境卫生工作涉及家庭内部卫生情况的规范、检查。应该说，对家庭内部卫生情况进行规范、检查是该公约中最为引人注意的细节之一。从一般观念上来讲，家庭内部的卫生情况是村民的私权范围，集体不宜干涉。但在“十户一体”公约体系下，村集体不仅对家庭内部的卫生情况作出了规定，还进行了实实在在的检查。从抽象的现代法治理念上来讲，这在一定程度上是对公民个人权利的侵犯。但放在当地的具体环境中来看，似乎又不完全是这样。因为在一定程度上，个人家庭

---

① 高其才等：《乡土法杰研究》，北京：中国政法大学出版社 2015 年版，第 57 页。

② 2017 年 4 月 30 日，展良村村委会，贵州银行驻村扶贫干部访谈资料。

卫生情况会影响到村集体的整体利益。对此，将在后文进行专门分析。

二是环境卫生定期检查评比实施稳定。“十户一体”公约的一个重要特点在于它有较为稳定的考核机制，通过各个工作组的具体工作来促进公约的实施。相较于此前的很多村规民约，这是一个明显的进步。就环境卫生工作而言，寨管会下设的环境卫生组要牵头进行检查。① 从调查情况来看，即便是作为“五户联保”公约发源地的王家村，卫生检查中仍然会存在卫生不到位的情况。2015 年 11 月至 2016 年 5 月，共发现环境卫生问题 33 起，均现场整改或限期整改完成。2017 年 1 月 10 日，环境卫生组就给 7 户下达了“整改通知书”。2017 年 1 月 15 日，村里召开“综治维稳信访工作会议”，参加的人员有全体村干部和户长等 19 人。会议中讲道：“上次黄副县长到我村调研，发现了好几处安全隐患和卫生方面不如前，强调了我村今后的各种整改情况。”

三是评比检查中的连带责任问题。对于联户内的卫生情况，户长要负责督促。对于搞卫生不积极的村民，户长有时候还会带领联户内其他村民去帮助搞卫生。如果卫生情况还是不达标，则联户内其他村民的卫生奖励会受到影响。2014 年，高要村在卫生检查中被评为“不合格”等级的家庭，其所在联户内的其他家庭也不能获得活动奖励。从这几个环节来看，

① 参见附录 3：贵州省丹寨县兴仁镇王家村五户联保诚信户考核评比办法（部分）。

涉及行为标准、组织实施、责任承担等问题。这仅仅是在环境卫生方面的一个具体体现，在“十户一体”公约中，实际上起到了非常重要的威慑作用。对于这种连带责任机制的合法性与合理性问题，将在后文继续分析。

四是环境卫生工作效果较好。根据调研过程中的总体感受，王家村的卫生情况良好。调研的其他几个村寨，卫生情况也较好。或许是现在的卫生状况和印象中十几年前的苗寨侗寨相比有了很大的进步。这种进步还体现为村民能够自愿打扫村内公共区域卫生。调研过程中，我们多次看到村民在打扫村行政服务中心办公楼前后的卫生。当然，这种自愿在一定程度上是受到其他因素影响的，主要是福利政策的享受和农民专业合作社派工制度。对此，将在后文进行专门分析。

必须承认，一个行政村能够在 10 来年的时间内取得这么大的变化是不容易的。新闻报道称：“如今的王家村，不论白天、晚上，大家出门、回家都很安心。既无偷牛盗马，也没小偷小摸，治安状况发生较大改观。”[①] 2014 年，王家村被列入中国第三批国家级传统村落保护名单。2015 年，“省委书记陈敏尔到丹寨县调研时下榻该村两晚，对整洁有序的村容村貌赞叹不已”[②]。2016 年，丹寨县国家级美丽乡村标准化试点项目

---

① 张有海：《“五户联保”联出平安村寨》，载《法制生活报》2015 年 12 月 7 日，第 2 版。

② 王平、王春兰：《丹寨“五户联保”：打造乡村社会治理“枫桥经验”升级版》，载《法制生活报》2015 年 12 月 31 日，第 1 版。

通过验收。其中，就有兴仁镇王家村。①

本章小结

从丹寨县“十户一体”公约中消防安全、环境卫生两部分的基本内容及其实施情况来看，取得的成绩必须给予充分肯定，但其中仍然有一些问题值得进一步关注。主要有两个：

一是部分内容道德化倾向较为明显。如前所述，对不参加救火，只顾个人利益抢救自己物资的，要给予处罚。这一规定是与人的生物本能相冲突的，正是因为这种本能的存在，启蒙运动以来的思想家才会将财产权视为天赋人权之一部分。要求突破人的生物本能而选择更高的行为标准，就涉及了道德问题。对违反前述规则者“除罚款100元外，并将抢救的物资归全村所有”，这一要求显然是高标准的。对于较高的道德标准，宜以提倡、引导的方式推行，不宜以强制的方式推行。虽然这一要求是为了维护集体利益，但对个人利益采取完全压制、漠视的态度仍然是不合理的。“十户一体”公约中还有类似问题，将在后文继续分析。

二是部分内容较为明显地介入了村民的私权范围。如前所述，对村民家庭内的卫生情况要进行检查，对不达标的可以进行警告、责令整改，甚至罚款。“十户一体”公约中的一些其

① 搜狐新闻：《丹寨县国家级美丽乡村标准化试点项目通过验收》，网址：http：//www. sohu. com/a/111925382_ 115588，访问日期：2018年7月2日。

他内容，如下一章中要涉及的移风易俗措施中的部分内容，也存在类似问题。

基层政府、基层群众自治组织积极介入村民私权范围的行为，实际上是家长主义①思维方式在起作用。家长主义思维方式的背后，是对消极自由与积极自由的区别缺乏必要的认知或者有意的混淆。消极自由“意味着不受别人干涉”，洛克、穆勒、贡斯当、托克维尔等思想家认为：“应该存在最低限度的、神圣不可侵犯的个人自由的领域。”② 相对而言，积极自由“源于个体成为他自己的主人的愿望”。③ 但个体究竟能不能成为他自己的主人，或者说他会不会由于某种原因而无法认识到自己的“高级的本性”？如果他自己无法认识到那种“高级的本性”，我们能不能帮助他去实现？这就容易导致一种“貌似合理”的危险：“我们认识到，以某种更高目标的名义对人施以强制，是可能的，也是有理由的；关于这种目标（譬如说，公正或者公共卫生），如果受强制者更开化一些，他们自己就会主动追求，而他们没有追求，是因为他们盲目、无知或者腐败。这很容易使我自己相信，我对别人的强制是为了他们自己，是出于他们的而不是我的利益……如果他们是理

① 家长主义，指政府在对公民个人事务承担责任的时候，尤其是满足他们的需要或者规制他们的行为的时候，采取严格控制的方式。参见 Bryan A. Garner, Black’s Law Dictionary（9th）, Thomson Reuters, 2009. P1241.

② ［英］以赛亚·伯林：《自由论（修订版）》，胡传胜译，南京：译林出版社 2019 年版，第 171－172 页。

③ ［英］以赛亚·伯林：《自由论（修订版）》，胡传胜译，南京：译林出版社 2019 年版，第 179 页。

性的并且像我一样明智地理解他们的利益，他们便不会反抗我。”① 这段话很好地解释了积极干预的思想动机和干预者的思想困惑（我是为你好，你怎么还不领情啊?）正如我们接下来还将继续看到的，积极干预措施及干预者的思想困惑将长期共存。

① ［英］以赛亚·伯林：《自由论（修订版）》，胡传胜译，南京：译林出版社2019年版，第179页。

第三章 “十户一体”公约中的移风易俗与村规民约转型

任何一个社会，都有丰富多彩的风俗习惯。马克斯·韦伯认为：“如果并且只要在一定范围的人群内，社会行为的意向有规律地实际出现的机会，仅仅发生在实际的实践中，那么，这种机会便可称之为习惯。如果实际的实践建立在长期习惯的基础上，习惯就可称之为风俗。”① 由此可知，长期习惯和实践是风俗的两大构成要素。一项习惯在其产生之初往往有其内在合理性，但随着社会结构的变化，其最初的内在合理性已经转变，甚至消失，习惯却依然会因为强大的制度惯性而继续存在一段时间。这个时间段可能比较短，也可能比较长。当社会结构发生变迁后，新的时代总会对旧的观念、风俗有一个判断、消化、吸收的过程。这种判断，总是以新时代的价值观念

---

① ［德］马克斯·韦伯：《社会学的基本概念》，胡景北译，上海：上海人民出版社2005年版，第41页。

为标准来进行衡量的。

我国古代史上就有大规模的“移风易俗”活动。近代以来，执政者也一直非常重视“移风易俗”问题。“20 世纪的中国历史可以说是一个现代化的历史。”要实现现代化，就需要对旧的社会进行改造。自 19 世纪末开始，“中国社会的统治阶层和有社会责任感的知识分子一直集中关注的是‘变法’的问题”。“变法不仅意味着要发展工商业、发展经济、建立新式军队，而且要创建富国强兵得以实现的一整套社会条件，建立新的教育制度、科学体系和知识传播制度，要变革官制，要移风易俗，要使小农经济下的每个人都被整合进这个巨大的现代化工程，成为现代化工程的有机组成部分。”哈耶克将国家立法与社会自发秩序的对立称为立法的危险。“这种危险，不仅在于近代以来立法一直是同国家的合法暴力相联系，更重要的是一种对于立法者或法学家的理性的过分迷信，将法律等同于立法，同时将那些社会自生的习惯、惯例、规则完全排除在外，视其为封建的、落后的、应当废除和消灭的，这种做法实际上是不利于社会秩序的内部生成和自发调整，社会变成一个仅仅可以按照理性、按照所谓现代化的目标、原则而随意塑造的东西。”但事实上，我们的立法者，尤其是行政部门往往忽略了这样一个基本事实，“如果法律以移风易俗、改造社会、重组社会为关注，势必带有更大的强制性、压迫性……这样的法律，即使目的是为了整个社会的长远利益或未来利益，也难在短时期获得人们的认同，甚至视这种法律为异己的压迫力”。[①] 国内近年来的种种移风易俗举措仍然应当置于“现代化”和社会变迁这一背景下进行考察和理解。

2016 年 11 月 28 日，中宣部、中央文明办召开推动移风易俗树立文明乡风电视电话会议。时任中共中央政治局委员、中宣部部长、中央文明委副主任刘奇葆出席会议并讲话，强调：“要深入学习领会习近平总书记重要指示精神，坚持以社会主义核心价值观为引领，把反对铺张浪费、反对婚丧大操大办作为农村精神文明建设的重要内容，推动移风易俗，树立文明乡风。”刘奇葆强调：“要充分发挥群众性精神文明创建活动移风易俗、改造社会的重要作用，依托文明村镇创建形成鲜明导向，依托传统节日弘扬文明风尚，依托重点人群抓好示范带动，让文明新风融入农村生产生活的各个方面。要强化制度约束，构建起党章党规、法律法规、公共政策、规范守则相互支撑的保障体系，推动形成良好社会风气。”[②] 2018 年，中共中央、国务院印发的《乡村振兴战略规划（2018—2022 年）》指出：要“深入推进移风易俗，开展专项文明行动，遏制大操大办、相互攀比、‘天价彩礼’、厚葬薄养等陈规陋习。加强无神论宣传教育，抵制封建迷信活动。深化农村殡葬改

---

① 苏力：《二十世纪中国的现代化和法治》，载《法学研究》1998 年第 1 期，第 11 页。

② 大庆文明网：《中宣部、中央文明办召开推动移风易俗树立文明乡风电视电话会议》，网址：http：//dq. wenming. cn/xwtt/201611/t20161129_ 2962942. htm，访问日期：2018 -07 -15。

革。”可以预见，移风易俗将在今后一段时期成为农村脱贫攻坚、乡村振兴之后的又一个重点任务。

第一节　移风易俗规范体系

为了实现移风易俗，贵州省的很多地区都尝试在村规民约中对红白喜事进行规范引导。贵州省内“红白喜事”打招呼制度较早见诸新闻报道的是2009年黔东南州松桃苗族自治县的尝试。据新闻报道介绍，松桃苗族自治县盘信镇杨柳村道德评议协会副会长龙金可说：“以前碰到红白喜事，都要办3天、吃3天、同时也是醉3天，一场红白喜事办下来既劳民又伤财。从今往后无论婚丧嫁娶一律从简。”当年3月，“杨柳村村民龙再发的父亲去世，村道德评议协会成员找到他，鼓励他改变传统陋习。龙再发克服了怕被人笑话的心理，为父亲办理了简单而庄重的丧事，节省了费用4000多元。杨柳村党支部、村委会因势利导，大力宣传改革红白喜事旧俗，提倡厚养薄葬，并在全村广泛开展公民思想道德系列教育活动，倡导文明和谐的农村新风尚”①。2010年，贵州省黔东南州“剑河县推行农村红白喜事安全报告制度”。② 丹寨县于2014年左右开始推行该制度。更早的其他省份的相关报道，有2007年安徽省

① 龙跃飞：《松桃苗族自治县红白喜事简办成乡村时尚》，载《中国社会报》2009年5月15日，第2版。

② 夏永忠：《剑河县推行农村红白喜事安全报告制度》，载《贵州民族报》2010年5月24日，第2版。

的相关报道，[①] 但目前并不清楚两省的实践是否有内在联系。

“十户一体”公约中直接涉及移风易俗的内容较少，《王家村“五户联保”公约》中“联治安，保稳定”部分第5条主要针对封建迷信活动治理。该条规定：“严禁各类封建迷信活动，严禁参与非法宗教派性、清源祭祖活动；严禁参与邪恶势力、邪教组织。违反者，移交公安机关处理或惩戒外，交纳违约金50~200元，责令义务宣传革除陋习、反对邪教等法制宣传、综合治理6~12个月。”虽然“十户一体”公约中直接涉及移风易俗问题的条款较少，但其他很多村将原有村规民约中的移风易俗规范纳入了“十户一体”公约体系，作为专项检查内容。《高要村村规民约》中就明确规定：“红白喜事有（由）红白喜事理事会管理，喜事新办，丧事从俭，破除陈规旧俗，反对铺张浪费，反对大操大办。”[②] 与此同时，高要村还建立了专门的“红白喜事”打招呼制度。

高要村“红白喜事”打招呼制度[③]

为保障群众生命安全，杜绝群死群伤事件的发生，龙泉镇人民政府拟推行“红白喜事”打招呼制度。

1. 通过村广播、召开村小组会议、包村包组人员进村入户等形式，进行“红白喜事”打招呼制度的宣传，提高群众安全意识，预防事故的发生。

---

① 孙斌园、李陈续：《农民红白喜事办宴席要备案——安徽监管制度化后食品安全事故大幅下降》，载《光明日报》2007年7月23日，第6版。

② 参见附录4：贵州省丹寨县龙泉镇高要村村规民约。

③ 2017年4月25日，高要村村委会，田野调查资料。

2. 明确农村食品卫生安全信息员，具体负责本村自办酒席食品卫生安全协调指导工作，做好农村自办酒席登记卫生安全检查，帮助农户办好安全的、卫生的酒席。

3. 凡是村（居）民举办“红白喜事”，由村民小组长向村支两委主要负责人报告。村支两委负责人向镇政府和驻村干部报告。

4. 驻村干部或村干下达《安全提示书》到举办“红白喜事”的农户，提示他们在举办喜事期间注意防火、交通安全、食品卫生安全等，杜绝群死群伤重特大安全事故的发生。

5. 各村民组长和“红白喜事”户密切关注亲朋好友，发现问题及时解决问题，坚决不出现酒后驾车、公路摆宴席、超员、超载、超速、违法载人等现象，做到不发生事故。

6. 对农村“红白喜事”走亲访友搭乘车辆打招呼。明确农村道路交通协管员工作职责，主要对举办“红白喜事”户主、驾驶员进行打招呼提醒，对超员满载进行劝说和举报，不断拓宽监督管理渠道，将监督管理工作延伸到一线。

龙泉镇高要村村民委员会

2014 年 4 月 14 日

又如《展良村村规民约》中规定：“红白喜事，提倡从俭节约，反对浪费”，“为净化我村风俗、风气，树立健康文明之风，除逢年过节、红白喜事开展一些娱乐活动外，禁止一切赌博活动，一犯批评，再犯者将报告龙泉镇派出所处理”①。

---

① 参见附录5：贵州省丹寨县龙泉镇展良村村规民约。

《展良村社会管理村规民约》中规定："红白喜事要填写告知书上交镇级相关部门，喜事新办、丧事从俭，破除陈规旧俗，反对铺张浪费。"《展良村联户建小康村规民约》中规定："凡红白喜事一律由户长通知其相关清洁事项，并报村委会备案，由当事人承诺保证事后清理干净，对拒不服从管理或不履行承诺的缴纳违约金200元，如再不配合整改的，取消该联户小组享受的一切惠农惠民政策直至该户整改完毕为止。"相关的规定还有："提倡移风易俗，喜事新办，不铺张浪费，丧事从俭，推行殡葬改革管理，不搞陈规旧俗，不搞宗族派性，不请神弄鬼或装神弄鬼，不搞封建迷信活动，树立良好的社会风尚。"

各村都与所属的镇政府签订了"农村红白喜事责任书"。在推行"十户一体"公约后，将这些内容作为子项纳入了其中。以办满月酒为例，办酒席的农户进行登记后，会收到一张盖有"龙泉镇人民政府"印章的"温馨提示"。[①] 这确实是一份很温馨的提示，举其要点如下：1. 其中既有温馨的祝福，又有办酒席的注意事项提示。提示开头就表达了温馨的祝福，"您和家人在美好的日子里，举行隆重的孩子满月喜宴，我们表示衷心的恭贺和良好的祝愿"。接下来，才开始做出提示，"为了您和家人以及亲朋好友的健康安全，我们温馨提示您和前来祝贺的亲朋好友……"；在提示之后，再次以祝福结尾，"最后，祝您及家人节日愉快，喜事多多，幸福美满！"虽然

① 参见附录6：贵州省丹寨县龙泉镇人民政府孩子满月酒温馨提示。

话语简短，但显得有情谊、有层次。2. 既有食品安全卫生问题，又有交通安全提示、财产安全提示，还有消防安全及环境卫生提示。具体提示事项有5条：第1条涉及食品安全卫士问题，“在办酒席中要注意卫生，碗筷要干净、饭菜要煮熟”。第2、3条涉及交通安全问题，“驾驶员开车请不要喝酒，喝酒了请不要开车，注意交通安全”，“亲朋好友往返不要乘坐违法载人车辆，确保安全喜庆”。第4条涉及财产安全问题，“家中和邻居外出时家中要留人看守，预防偷盗”。第5条涉及消防安全及环境卫生问题，“房前屋后保持清洁卫生，用电、烧火、放炮竹要随时注意安全”。对于这样一份温馨友好的提示，很少有人会反感。

根据“高要村红白喜事打招呼台账”记录来看，2014年全年办酒席13次，其中满月酒席5次，白喜事酒席5次，立房（建新房）酒席3次。总体来看，酒席办理次数比以前大大减少了。根据高要村村民反映：“通过在全村范围内开展‘红白喜事’打招呼制度，不乘坐农用车，不酒驾，不疲劳驾驶，不超载，不购买过期食品、变质饮料，不乱燃放烟花爆竹等，安全意识进一步得到增强，‘高高兴兴来吃酒，平平安安回家去’的意识更加深入人心。”① 根据“展良村红白喜事打招呼登记台账”记录，2014年全村办酒席37次，其中白喜事酒席13次，满月酒席2次，结婚酒席8次，乔迁酒席8次，升学酒席5次，立碑酒席1次。根据驻村扶贫干部介绍，村里

① 2017年4月25日，高要村村委会，村民访谈资料。

丧事的费用一般在1.5万元左右，酒席也有桌数规定，最多20桌，每桌酒席的费用一般在150元左右。婚宴一般也是20桌，双方合办的不得超过40桌。

从整体上看，该制度的推行对于减少农村人情开支有较大好处，但却大大加重了政府（尤其是基层政府组织）的管理责任，特别加大了是基层政府相关工作人员的工作量。放眼历史，从贵州省近代的移风易俗实践开始，这些基本问题就已经被提出并作出相应的规定。至今，其中的很多问题仍然存在。

第二节　贵州省近代移风易俗的历史镜鉴

有学者认为："就近代中国社会而言，阻碍人的现代化的因素多种多样，其中之一就是封建社会长期积淀下来的各种恶风陋俗……对这些恶风陋习的批判和洗涤也就成为近现代历史上中国人走向现代化所面临的重要任务。"① 辛亥革命后，社会各界较为重视移风易俗问题。民国时期，贵州省也采取了移风易俗措施。对这一历史进行适当的梳理，有利于加深对移风易俗行动历史背景的认识，也有利于更理性地制定当前的移风易俗政策。

① 赵刚印：《辛亥革命时期的移风易俗变革与人的现代化》，载《贵州社会科学》1999年第2期，第101页。

一、婚丧礼节之改良

1920年（民国九年），北洋政府极力推行政治改革，制定了《地方自治法规实施方案》，各地在宪法、法律范围内和国家的监督下按照自己本地区的意志，利用本地区的财力、物力处理区域内的公共事务。20世纪30年代，南京国民政府开始节约运动，移风易俗是其中的重要内容。为此，贵州省制定了《贵州省改良婚丧礼节暂行办法》。在正式文本之前，有一份提案说明。说明中讲到“窃查民厅执掌有整饬风化之责而限制婚丧礼节，不准奢侈，原数民政范围之一。盖所以保存俭德、转移风俗也。近世变本加厉，不惟礼数繁缛，且费用夸多。上中之家，每有因婚丧过后，家道颓败者，或债台高筑，永不能清者，甚至家既穷乏，体面虚存。囿于积习之深，恐取乡邻之笑，既不肯简单以从事，又无人缓急以相通，以致婚嫁迁期、丧葬久搁者，亦所在多有。习俗之恶，莫此为甚，亟应厘定改良办法，俾做过度时代之救济，以崇尚俭而正风俗”①。由此可见，农村中因为婚丧嫁娶而致贫者，实在由来已久。这份婚丧礼节改良办法所涉的内容非常丰富，举其要者如下：

一是简化婚礼程序。办法第2条规定：“婚礼程序分为下列三项：（一）定（订）婚；（二）报期；（三）结婚。”自西周确立六礼制度以来，世代沿袭，即便是贵州的少数民族地区，也在一定程度上受到影响。为了改良婚姻礼节，简化程序

---

① 参见附录7：（民国时期）贵州省改良婚丧礼节暂行办法。

以去除繁文缛节是比较有效的思路，将部分功能相近的环节予以合并是较好的措施。不仅如此，办法紧接着对订婚、报期环节作了要求。第 3 条规定：“凡定（订）婚只须交换信物，一切繁冗礼物悉行免去。”第 4 条规定：“报期时由男家酌定结婚日期，商得女家同意后，即以东帖行之。附送礼物至多不得过四色。”这些规定，很大程度上减少了环节、降低了礼节要求。

二是规定细致。如针对结婚环节的直接规定多达 6 条。其中，有的是革除旧习俗，如第 5 条规定：“结婚时所用礼盒嫁妆务求简单，所有猪羊踩街及安根等习惯悉行免去。”第 8 条规定：“结婚前后一切索喜钱取门包等恶习均禁绝之。”第 9 条规定：“将结婚时如一方遇父母丧，其婚期即应改定，若从前之随丧作揖过门冲喜，以及未婚夫死，过门守节等习惯均除去之。”有的是提出新要求，如第 7 条规定：“婚嫁宴客各不得过二日。”第 15 条规定：“婚丧礼所用席桌价值至多不得过六圆。”还有的是关于服饰制式、面料材质及产地，如第 10 条规定：“结婚时男女冠服应照部颁服制条例办理，不准奇装异服。”第 16 条规定：“前条所列席桌限用本省产品及国货，不得涉及洋货。”第 10 条的说明中进一步解释男女服饰的具体样制（包括衣服裙子的款式、纽扣的数量、面料材质）。这些规定可以说是对婚姻缔结全过程的行为规范。有些内容与今天村规民约中的规定也颇为相似，如每桌酒席的一般标准。

三是革除丧葬陋俗。丧葬习俗中有些确实是传统陋俗需要革除，但办法中的一些改革内容，仍然是以汉文化中的礼制要求来改良当地传统丧葬礼俗。如第12条规定：“成服祭奠日除备素饭招待执事外，所有吊唁来宾一律用茶点招待，勿庸设备酒席。”该条的说明讲到“丧家成服及家祭日每多大开筵宴，如同庆贺，殊与古人食於（于）丧侧，未尝求饱之意相违”。其中，“古人食於（于）丧侧未尝求饱之意”即来源于《论语》中的“子食于有丧者之侧，未尝饱也”。第14条规定：“出殡前如唱孝歌打围鼓等恶习均禁绝之。”时至今日，丧葬筵宴、唱歌打鼓有如红喜事一般仍然是很多地方都有的习俗，俗称“白喜事”。一般老年人高寿去世，当作白喜事办理。若是意外死亡，或者夭亡，则丧礼相对简单。

四是厚养薄葬理念。第11条规定：“凡丧葬时以附身附棺为主，一切浮文皆宜减去，并不得涉於（于）迷信久停不葬。”该条的说明讲到“人子事亲贵能生养，菽水承欢亦足为孝。如必於（于）亲没后始强为铺张，未免不情。又或迷信风水，寻觅吉藏，致停棺久久不葬，不特非待亲之道，且於（于）卫生有碍，故本条特予限制云”。这话翻译成今天的政策话语应该叫“薄养厚葬”。根据农村生活经验来看，这类现象确实存在。因此，农村地区现在提倡厚养薄葬确有必要。

从上述材料出发，再看看今天农村的婚丧礼俗，就会发现，很多将近100年前提出要革新的婚丧陋俗依然如故，有些陋俗甚至还有愈演愈烈之势。这体现了传统风俗改革的困难性，其中原因值得深入分析。

二、民间不良习俗之禁止

民国时期贵州省还制定了《查禁民间不良习俗办法》。其后，又根据该办法制定了《贵州省查禁民间不良习俗施行细则》①。笔者在贵州省档案馆查阅到了后者，该“实施细则”中有几点内容值得特别注意：

一是所涉的不良习俗范围广泛。既包括现在所说的封建迷信，还包括对妇女缠足、蓄婢、蓄童养媳、溺婴、堕胎等不良习俗。细则第3条规定：“左列不良习俗一律查禁：一、以卜筮星象巫观堪舆为业者；二、崇奉邪教开堂惑众者；三、供奉淫神借以敛财者；四、设立社坛降鸾扶乩者；五、举行迎神赛会者；六、妄造符咒图识预言或散布此类文字图画者；七、印刷或贩卖传播迷信之书籍传单及图画者；八、借符咒邪术医治伤病者；九、假托神权迷信从事其他非法活动或秘密结社者；十、妇女缠足者；十一、蓄养婢女者；十二、蓄童养媳者；十三、堕胎溺婴者。”

二是设置处罚前的宣传教育程序。不仅有一般的宣传，还有责令停业。对于不听劝阻继续营业者，才给予行政处罚。第4条规定：“有前条第一款之行为者以左列方法查禁之：一、各县（市）政府於（于）奉到本细则后分二期（以每一个月为一期）查禁完竣；二、第一期运用各种方式积极宣导期使自动改营他项正当职业；三、第二期如经劝导仍不改业者，得

① 参见附录8：（民国时期）贵州省查禁民间不良习俗施行细则（部分）。

没收其迷信用品并分别饬具保限，一律勒令停业。限满仍未遵办者应视情节轻重按本细则第五条之规定处罚之。”

三是行政处罚的设置中拘留优先于罚锾。这实际上是考虑到相关从业者大多数都是社会底层人士，拘留比罚锾更切实可行，对当事人生活的影响也比较小。第5条规定：“违反前条第三款规定按左列处罚之：一、拘留：四小时以上七日以下，遇有加重时不得超过十四日；二、罚锾：一圆以上五十圆以下，遇有加重时不得超过一百圆；三、封闭其居所至已改业之日止。”对禁止从业的，予以教育培训帮助改业；对造成生活困难的，设置了救济机构予以救助。第6条规定：“因被查禁失业而生活无着者应收入地方工厂习艺，无工厂地方得令其负担相当工作。其确系老弱残废者应由救济机关设法收容但被查禁后并不影响其生活者不在此限。”

四是普法宣传与刑事责任的追究。第11条规定：“有本细则第三条第十三款之行为者得依左列规定查禁之：一、印发传单标语广为宣传；二、弃婴未死者应由救济机关予以收养并准人民具领养育；三、妇女堕胎弃婴溺婴等情事应由地方机关查究，犯罪人移送法院审判。”

与此同时，中国共产党在各革命根据地也就移风易俗问题出台过很多文件，主要涉及禁毒、禁止封建迷信、妇女解放等问题。从这些大的方面来看，与民国时期的移风易俗活动在主题方面有很大的共同性。这也说明，任何政党都要面临一些共同的社会问题，承担一些相同的社会管理职能。但诚如有学者指出的：辛亥革命时期的移风易俗和辛亥革命的政治影响样，“对人的现代化的影响局限于沿海大城市及其周边区域，对于生活在边远内地的众多民众，特别是广大农民而言，其影响微乎其微”。[①] 中国共产党领导下的移风易俗，不仅通过相关法规条例进行规定，还通过大量的文学作品以多种形式向广大农民进行直接宣传，帮助广大农民在权利的实现上取得了切实的进步，特别是在男女平等、婚姻自由方面取得了巨大进步。[②]

第三节　移风易俗工作与村规民约转型

“十户一体”公约体系下的“红白喜事”打招呼制度主要涉及红白喜事的办理依据、办理规模、办理档次、办理程序、办理组织五个方面。其中，前三个方面在贵州省近代移风易俗实践中都已经涉及，但办理程序、办理组织上的内容却是“红白喜事”打招呼制度中新增加的要求。办理程序要求具有两方面的意义：一是程序本身的意义。要求大家遵守规定，履行登记手续。二是制度实施的保障意义。这个登记手续并不是简单的备案登记，而是实质性审查。只有符合要求的才给予登记；而未经登记擅自办理酒席的，则会面临处罚。这体现出基层村民自治组织、基层政府强大的管理能力。办理组织方面，

① 赵刚印：《辛亥革命时期的移风易俗变革与人的现代化》，载《贵州社会科学》1999 年第 2 期，第 104 页。

② 周少玲：《中国共产党移风易俗的历史进程与基本经验》，载《党史文苑》2014 年第 6 期，第 4－8 页。

主要是指“农干会”的成立与运行。传统上，农村每遇丧礼的时候，总会组建临时性质的“委员会”，由事主选任比较信任、在村寨里比较有威望的人来负责张罗，各家各户都要派人来帮忙。在推行“红白喜事”打招呼制度之后，很多村在执行的过程中，成立了“农干会”来具体负责酒席的操办。这在一定程度上使得酒席的操办更便捷、更规范。但正如后文（第五章）中将会看到的，在特定时候，这也会成为一种非常严厉的约制措施。

如前所述，对红白喜事办酒席的风俗进行适当改良有利于农民减轻人情开支，但个别措施矫枉过正或者个别地方由于执行方式较为粗暴，也有可能引发较为强烈的社会关注与社会不满。虽然丹寨县没有发生严重的类似冲突，但具体制度中还是包含了一些可能引发冲突的因素。相关规定存在的主要问题可以总结为：从思想上说，是家长主义思维方式的直接体现；从运行上说，往往以不合理的强制手段为保障；从措施上说，有违私权保护原则与相关具体规定。

一、贵州省有关红白喜事操办之地方政策与冲突

根据新闻报道：2016 年 1 月 25 日，贵州省毕节市织金县板桥乡纪委办接到群众举报称，永兴村陈家借小孩剃毛头之机，大张旗鼓乱办酒席，遂立即组织整治工作组 50 余名干部职工劝导并宣传政策，但遭到阻挠，农户及亲属当场辱骂工作人员并唆使群众闹事，出手伤人。2016 年 1 月 31 日，织金县猫场镇大寨村村支书接到群众举报，当地有村民办搬家酒。村

支书在赶去的路上被该村一村民拦截，被责问“为何大过年的要管这些”，后起冲突，村支书被打，村民脸上也挂了彩。[①]综合其他新闻的报道，1 月 25 日办酒席的农户收的礼金被劝导退还，3 名闹事者被派出所批评教育；1 月 31 日办酒席的农户由镇里相关领导阻止了办搬家酒，并对现场村民进行宣传教育，村民表示接受。[②] 后续新闻报道介绍：1 月 31 日的冲突事件发生后，毕节市纪委信息中心 2 月 1 日发布通知，要求各级党委层层落实整治责任，坚决遏制全市农村大办滥办酒席之风反弹“回潮”势头，对整治、制止不力的，对党风廉政建设第一责任人一律先免职后处理。对干部职工、村干部违规参与吃酒送礼的，一律先停职（待岗）再处理。[③]

---

① 凤凰网：《毕节整治民众滥办酒席：整治不力者一律先免职》，网址：http：//news. ifeng. com/a/20160203/47348409_ 0. shtml，访问日期：2018 – 07 – 31。

② 沭阳网：《贵州毕节织金村支书阻止“搬家酒”被打伤 宣传禁止滥办酒席政策起冲突》，网址：http：//www. shuyang. tv/news/shehui/2016 – 02 – 03/186555. html，访问日期：2018 – 07 – 31。

③ 凤凰网：《毕节整治民众滥办酒席：整治不力者一律先免职》，网址：http：//news. ifeng. com/a/20160203/47348409_ 0. shtml，访问日期：2018 – 07 – 31。该新闻还介绍：首先，各县（区）党委（党工委）要把整治滥办大办酒席作为当前基层党风廉政建设的重中之重扛在肩上，迅速作出部署，加大滥办大办酒席整治力度，坚决杜绝反弹回潮。各乡（镇、街道）党委（党工委）要按照“属地管理、分级负责”的原则，将整治责任牢牢抓在手上，层层落实到分管领导、联系村领导、包（驻）村干部和村组干部身上，逐级传导压力、狠抓落实。其次，采取有力措施严防死守。自上而下采取报纸刊载、电视播报、网络发布、张贴公告、入户动员等举措，进一步加强宣传教育攻势，持续向广大群众释放坚决整治滥办大办酒席的强烈信号。严格按村规民约、社区公约等规定处罚滥办大办酒席行为，让违规者受到惩处，形成不敢的震慑。

“阻止民众办酒，为何吃力不讨好?”有评论指出：贵州一些地方，可能本意上是想管党员、管干部，顺便把百姓中沦为“人情高如债，人头锅子卖”的陋习也一并解决了，结果让一部分民众有一种被“陪绑”的感觉，加上一些基层干部处理方式欠佳，难免会发生现场冲突。因此，让民众文明进步起来，首先要求执政者的理念文明起来，处理方式智慧起来。①

不仅毕节市进行红白喜事酒席整治，贵州其他地区也有类似的举措。2016 年 1 月，贵州省遵义市凤冈县官方发布了《凤冈县规范操办酒席管理办法（试行)》。② 这可以说是一个事前、事中、事后的全过程规范文件。2017 年 1 月，凯里市

① 人民网：《钱江晚报：阻止民众办酒，为何吃力不讨好》，网址：http：//opinion. people. com. cn/n1/2016/0204/c1003 - 28110488. html，访问日期：2018 -07 -31。相关的新闻评论还可参见搜狐网：《谁让乡村干部阻止村民办酒?》，网址：http：//business. sohu. com/20160204/n436890293. shtml，访问日期：2018 -07 -31。

② 《凤冈县规范操办酒席管理办法（试行)》规定，操办酒席范围为婚丧嫁娶事宜，此外，复婚和双方均为再婚的不准操办酒席，且此规定适用对象为凤冈县辖区内的所有城乡居民。对于操办酒席的流程，《凤冈县规范操办酒席管理办法(试行)》规定“须提前 15 天申报；操办丧事的，须事先口头申报，在安葬后 15 天内完善备案手续”。同时要求“公职人员”和“群众”分别填写对应的申报登记表。对违反以上规定者：党员干部和国家公职人员违反的，给予组织处理、纪律处分、收缴礼金等处罚；非国家公职人员违规的，由各村民委员会按照《村规民约》《社区公约》及《群众承诺书》进行处理；对违规操办酒席收受的礼金一律没收并上缴国库，操办酒席用具全部没收。除此之外，酒店、餐馆等承接酒席时，必须向酒席操办人索要《凤冈县操办婚丧嫁娶事宜申报登记备案表》，对未索要并留存备查的，一律停业整顿。凤凰网：《凤冈县红头文件禁止再婚办酒席》，网址：http：//news. ifeng. com/a/20160129/47280022_ 0. shtml，访问日期：2018 -07 -31。

“两办”印发了《凯里市规范操办酒席行为实施办法（试行）》的通知。[①]两地的规定在内容上多有相似之处，但从新闻报道透露的内容上看，凯里的“施行办法”中没有“收缴（没收）礼金”的规定。

二、移风易俗措施中的认知误差

新闻报道中常常强调人情开支重，办酒席的理由五花八门。有学者称之为“人情异化”，“本来人情是一种互惠……但现在，大事小事，有事无事，村民都办酒席以收取人情敛财，以至于几乎所有人都卷入了这种无节制的人情往来中，辛

① 该“办法”主要涉及以下几个方面的内容：(1)“办法”规定的办酒范围：除结婚酒、丧葬酒外的其他一切酒席一律视为违规酒席；结婚酒席操办须是本人或其子女或本人有法定抚养权的人员初婚，复婚不准操办酒席，再婚除初婚方外，另一方不得操办。丧葬酒席操办须是本人的配偶、父母、岳父母（由本人赡养的岳父母）、子女或由本人多年直接负责赡养的鳏寡孤独亲人的丧事。严禁一事多办、一事多地办，或化整为零、分散办酒，同一酒席只设一个礼金登记簿，离异父母为子女操办酒席的只能由一方在一地承办。操办婚嫁酒席时，非酒席操办当事人，一律不准以电话、信息、传话通知等方式邀请他人吃酒，违规视同违规操办酒席。(2) 在办酒审批程序上也有新规定：国家公职人员操办婚嫁酒须由办酒家庭中职务最高的党员干部申报，事前填写《凯里市干部职工操办婚嫁酒申报表》，报纪委备案；群众操办婚嫁酒须填写《凯里市村（居、社区）群众操办婚嫁酒申报表》，报镇（街道）社会事务办备案。(3) 操办丧葬酒还实行事后报备制度，以共同办酒家庭中有党员干部的分户家庭为单位，由家庭中职务最高的人员在丧事后的10日内书面向所在党委（党组）和有干部管辖权的纪委（工委）报备操办丧事的基本情况。凤凰网：《贵州凯里操办酒席新规：复婚再婚不能办》，网址：http://news.ifeng.com/a/20170117/50587444_0.shtml，访问日期：2018-07-31。

辛苦苦赚的钱全都送了人情”①。但地方政府是否需要进行干预？在多大程度上进行干预？应该以何种形式进行干预？

对红白喜事风俗进行改革，首先要对酒宴的本质有必要的认知。酒宴的核心在于礼物的流动，礼物的本质是风险分摊机制。虽然初民社会还没有“保险”“风险分摊”这些概念，但实际上初民社会中的人已经通过种种制度设计来降低自身面临的风险。礼物就是一种风险分摊机制，也是一种资金筹集方式。通过举行仪式（如办酒席）将亲朋好友聚到一起，大家都要“随礼”。越是重要的亲友，礼物的价值自然就越高。这样一来，就将亲友的资金汇集到了举行仪式的家庭中。当然，通常只有重要的事项才举行仪式（如办酒席）。这种资金筹集方式也不是免费的，当亲友举行仪式（如办酒席）的时候，你也必须要“随礼”。这就是古话说的“礼尚往来”。农民都知道，“人情钱”就是那些钱在打转，只是借来用一下。通过举行仪式（如办酒席），在一个特定的时间点上，众多亲友前来“随礼”，完成资金的筹集。资金筹集完成后，需要资金的人就能够集中力量办大事。

因此，礼物从来就不是简单的礼仪行为。著名人类学家莫斯曾指出：“在斯堪的纳维亚文明和其他为数甚多的文明之中，交换与契约总是以礼物的形式达成，表面上这是自愿的，

① 贺雪峰：《新乡土中国》（修订版），北京：北京大学出版社2013年版，第65页。

但实际上，送礼和回礼都是义务性的。”[①] 这句话换个方式就可以表达为：各种礼物交换实际上是另一种形式的契约，都是具有义务性的。这是一种文化，不明确地表示自己的利益，但却绝不意味着对利益不重视。农村至今有句俗话叫“人情是笔账，提着锅子当”，说的就是这个意思。

首先，“礼物”流动的基本规则之一就是价值基本相当。时至今日，很多家庭都仍然有“人情簿”，记着亲戚送来的礼金数额。下次对方家办喜事的时候，好按标准还礼。如果收礼方辈分相对高，辈分高者还礼的时候则可以稍微少一点。平辈之间和晚辈对长辈的还礼，如果低于别人之前送的礼金，则会招致非议。总体来看，在一个长期交往的亲属团体中，人情往来是不会有严重的资金外流的（除非总是送出去的较多，比如帮助困难的亲友）。“礼尚往来”“价值基本相当”这两条基本规则至今仍然在支配着各种“人情往来”活动。

其次，需要对社会的自我修复机制有必要的认知。现在的社会结构有了一些变化，小家庭的风险承受能力提高了。因此，举行仪式（如办酒席）的资金筹集功能减弱了。随着人口流动性的不断增加，亲属团体中的一部分人在一定程度上脱离了原来的生活圈子。但为了维系亲属团体的稳定，还必须继续“随礼”，而这部分小家庭往往又很少举行仪式（如办酒席）。这样的话，人情开支上就会有一定压力。

---

① ［法］马塞尔·莫斯：《礼物——古式社会中交换的形式与理由》，汲喆译，上海：上海人民出版社2005年版，第4页。

一个无可否认的事实，社会作为一个整体是有一定的自我修复机制的。在农村，有些亲友举行仪式（如办酒席）的次数较多，其他亲友苦于这种人情。其实，农村人自然有其解决办法，其中最常见的就是降低礼物的价值（减少随礼的金额），或者是在亲属交谈中给予批评。这些都是对对方没有重大资金需要而举行仪式的抗议。如此一来，一方面对方会感受到这种“舆论”上的压力，另一方面，举行仪式也没有经济利益了。自然，他就会修正自己的行为方式。

地方政府基于风俗习惯异化的现状，可以适当介入，但应注意的是各类共同体为个体人格的开展提供帮助，应该处于辅助地位。正如学者指出：“上位层级的联合体只能履行那些小的下位层级的联合体或是个人无法很好履行的职能，或者这些任务交由上位层级的联合体履行效果更好；或者是：上位层级只有在紧急必要的情形下才能做出行动。”最低的联合体层级“尤其要说明，某项事务是否真的必须要由政治联合体进行规范，而不能由公民进行‘私人自治’”①。目前很多的移风易俗措施就是严重忽略了社会的自我调控机制，地方政府总想着要更积极地介入。在权力不受约束的情况下，一刀切式的做法，自然也就不足为奇。再看看历史上直接规定婚服的样式、面料质地、面料产地的做法，实质上是同样的思维方式在发挥作用。正视社会的自我调控机制，才可能真正走向“社会治

① ［德］齐佩利乌斯：《德国国家学》，赵宏译，北京：法律出版社2011年版，第158－159页。

理”，而不是“社会控制”。

三、移风易俗措施的合法性分析

贵州地区很多村寨都在实施“红白喜事”打招呼制度，但在各村的“十户一体”公约和村规民约中明确规定处罚措施的并不多，因为一切处罚措施都已经包含在“十户一体”公约中了。对相关问题作出明确规定的有《羊甲村村规民约》，该村规民约第17条规定：“除婚事、丧事外，本村村民一律不准以其他任何名义操办酒席，更不准采取分批、延时、包席、异地操办等形式变通办酒席。”第18条规定：“办理结婚酒的，必须持本人或子女结婚证到村委办理登记备案手续后方可办酒。办理丧事只能是父母、岳父母、配偶或本人负有赡养义务并履行赡养责任的亲属过世。”第19条规定：“以上三项请村民自觉遵守，村民委员会将协调相关部门对办酒村民的食品卫生安全进行全面检查。如不遵守违规办酒及违规丧葬的村民委员会将会同相关部门依法进行处理。除取消村级及相关部门的优先优惠政策外，并处罚款1000元。”①

通过对比可知，“红白喜事”打招呼制度中关于酒席办理依据、办理规模、办理程序的规定，实际上是从党规党纪对党员领导干部的要求演化而来的。将对党员领导干部的要求扩张适用到全体村民中，其内在逻辑存在一定问题：因为党员领导干部操办酒宴可能涉及权力的滥用问题，而普通村民基本不存

① 2017年4月23日，龙泉镇政府，田野调查资料。

在这种可能性。在扩张适用范围的同时，再加上严格的处罚措施就更让村民难以接受。

“红白喜事”打招呼制度中涉嫌侵犯公民财产权的行使，主要体现在两个方面：一是酒席办理登记制度。如前所述，这种登记制度是实质性审查程序。作为普通公民，合法利用自己的个人财产举办酒席，为何要受到这种审查，这种审查缺乏合理性依据。二是对违规操办酒席者的罚款制度。在其他地方发生因移风易俗而引发较为严重冲突的时候，[①] 有学者评论这些措施是“对公民私权的粗暴践踏”[②]。也有地方人大的工作人员表示，“反对浪费的村规出发点固然是好的，但却模糊了道德和法律的界限，侵害了公民个体的合法物权”[③]。湖南省某地在2018年开始提倡“厚养薄葬”，对丧礼的酒席标准作了一些限制性要求。在田野调查中，有村民就提出反对意见，认为“我用的是自己的钱，政府也管得太宽了吧”[④]。

移风易俗措施应该立足于对公民财产权的尊重与保护基础

① 2014年7月，湖北省襄阳市保康县马桥镇尧治河村下发了《尧治河村婚丧喜庆事宜管理办法》，提倡勤俭节约，杜绝铺张浪费。文件出台后，有村民办酒席使用的香烟超出了文件规定的标准，被罚款2000元。后来在采访中，村委会主任表示实际上只罚款了该村民500元。参见搜狐网：《两村民办酒席抽18元烟被重罚》，网址：http：//roll. sohu. com/20141016/n405157037. shtml，访问日期：2018－09－30。

② 马舞柳：《不可粗暴践踏公民私权》，载《公民导刊》2015年第2期，第44页。

③ 杜云、喻恒江：《莫让村规民约代替法律》，载《公民导刊》2015年第2期，第44页。

④ 2019年1月10日，湖南省邵阳市新邵县花桥乡，村民访谈资料。

之上。处分权能是所有权的基本权能之一，公民对其个人财产拥有完全的处分权。从民法角度来看，上述移风易俗措施确实对公民的财产权进行了一些不适当的限制。从法理角度来看，对公民自由进行限制的首要标准是伤害原则。[①] 大肆操办酒席虽然是一个值得关注的社会问题，但这种不适当的财产限制措施显然缺乏必要的法律依据和理论依据。在“十户一体”公约中，有可以参考适用的规则。虽然《王家村“五户联保”公约》并没有就违反“红白喜事”打招呼制度的行为作出明确规定，但“联产业，保富裕”部分第2条规定：“严禁好吃懒做不做行为，违者，不得或暂缓享受国家各种救助或优惠政策。”对于建档立卡的贫困户违反了该类规定，可以考虑暂停或取消优惠政策。因为铺张浪费足以说明其具有相对较强的消费能力，自然也就不再需要国家的救济，前引《羊甲村村规民约》第19条实际上已经明确了这一罚则。

从理论上来说，暂停或取消优惠政策更符合逻辑。但从实际情况来说，还有一个需要进一步思考的问题：直接的罚款金额比较确定，且通常数额不太大，而暂停或取消优惠政策的利益损失可能更大，是否符合比例原则。这是一个新的矛盾，或者说两难的问题。

① 所谓伤害原则，是指“只有当为了防止和控制一个人对他人造成利益损失时，限制一个人的自由才是必要的”。高其才：《法理学（第三版）》，北京：清华大学出版社2015年版，第182页。

本章小结

对于乡镇政府而言，这些强制性措施通常是上级机关的硬性指标要求。因此，乡镇政府常常处于两难之中。在这种情况下，要加强对县级、市级党政机关的约束，不能动不动就搞一刀切的移风易俗。实际上，县级、市级党政机关也有苦衷。因为要帮助村民脱贫，但传统的婚丧嫁娶陋俗在这些年有愈演愈烈的趋势，增加村民的生活成本。为了帮助农民脱贫，限制酒席的操办、降低人情开支确实有一定的针对性。但即便有这样的出发点，也不宜搞一刀切。一刀切的做法看似降低了管理成本，但为了预防突发情况、特殊情况而投入的成本可能更高。

著名人类学家弗思曾经指出：“有些地方的人和外来文化发生长期接触以后，他们的生活方式和思想显然有了根本的改变，可是他们还会恢复古老的习惯，或是重新实行一些传统的习俗，把它们夹杂在新的生活方式中。”① 因此“在必须调整民族习俗和外来文明所带来的价值观念之间的关系时，如果懂得当地习俗和信仰的原则，就可以不采取禁止的手段，而用代替的方法”②。传统习俗在面临外来行为规范（新风俗）的压力时，必然会有一个调适的过程。传统婚丧习俗历史久远，虽然历史久远不是合理、

---

① ［英］雷蒙德·弗思：《人文类型》，费孝通译，北京：华夏出版社 2002 年版，第 159 页。

② ［英］雷蒙德·弗思：《人文类型》，费孝通译，北京：华夏出版社 2002 年版，第 165 页。

正确的保证，但其强大的心理文化作用不容忽视。

有学者指出，村规民约在移风易俗中可以发挥多方面的积极作用。[①] 对于村规民约发挥的积极作用，本书并不否认，但本书关注的是如何发挥这种作用的。也就是说，本书更倾向于通过宣传教育激发村民的内心自觉，而不是从外部进行强制。上级党政机关大力介入移风易俗的好处在于，外力的介入打破了原集体组织内的“面子”偏好。

有学者指出：“红白喜事并非只是一家一户的私事，其社会意义对于理解当前农村存在的很多问题具有重要作用。而构成当前红白喜事变迁的诸多政策和理念，又大都未经由政策制定者和理念传播者的仔细思索。如何理解红白喜事的变迁及其现状，不仅对于乡村治理，而且对于农民本体价值的获得，都具有重要的意义。”[②] 在全面依法治国背景下，任何移风易俗行动都要依法开展。只有充分尊重公民权利，因势利导，移风易俗措施才能取得更好的社会效果，而不是适得其反地激化社会矛盾。移风易俗问题正方兴未艾，其中的很多问题值得进一步关注与思考。

---

① 陈寒非：《风俗与法律：村规民约促进移风易俗的方式与逻辑》，载《学术交流》2017 年第 5 期，第 108 - 117 页。

② 贺雪峰：《新乡土中国（修订版）》，北京：北京大学出版社 2013 年版，第 38 页。

第四章　“十户一体”公约中的农民专业合作社发展与村规民约转型

有学者指出，村集体“对经济机会的绝对占有地位”是它惩罚手段的主要依托。“它非常方便地构成服从义务的条件，因为村民依赖这些财产创造经济机会”①。“联产业，保富裕”是“十户一体”公约的重要内容，也是“十户一体”公约区别于以往村规民约的最显著的特征。这说明大家的认识开始发生了变化，不再只是以静态的乡村秩序为目标，而是努力通过发展去解决问题。村集体在社会主义新农村建设、脱贫攻坚、乡村振兴过程中通过掌握专项项目的落实机会，掌握了大量的经济机会。在此过程中，村集体的控制力进一步增强。

① 张静：《乡规民约体现的村庄治权》，载《北大法律评论（第 2 卷第 1 辑）》，北京：法律出版社 1999 年版，第 16 页。

第一节　农民专业合作社发展规范体系

《王家村“五户联保”公约》的五个主要目标之一就是“联产业，保富裕”。在该部分规定：“村民要积极围绕‘一村一品’、‘精准扶贫’工作要求，选准产业致富项目，切实解决增加农民自我增收问题。”“结合实际，积极主动发展产业，严禁好吃懒做不做行为，违者，不得或暂缓享受国家各种救助或优惠政策。”“充分利用资源，主动并积极实施国家‘精准扶贫’项目，违者，不得或暂缓安排扶贫项目。”其中既有选择产业项目的内容，也有惩罚性规定。

王家村在寨管会下分设了多个职能小组。其中，就有产业发展组，其主要工作职责如下：

寨管委产业发展组工作职责①

一、贯彻执行国家和上级党委、政府有关农业、林业、渔业、加工业、服务业、旅游业、生态农业的法律法规，积极组织本寨农业产业发展，巩固和壮大集体产业，带领农户走共同富裕的社会主义道路。

二、负责本寨农业产业结构调整，组织和引导群众发展现代农业、科技农业和短、平、快致富产业，开展农业科学种植技术知识的宣传和推广。

三、配合村委制定村级经济和产业发展年度和中长期规

① 2017年5月5日，王家村村委会，田野调查资料。

划，结合规划内容，组织本片区农户发展产业，逐步实现“一户一业”，提高农民人均纯收入，实现小康社会。

四、组织农民依法发展各种形式的合作经济和其他经济，积极围绕“一村一品”“金种子工程”等建立区域性合作社和投资兴办村级企业等经济实体。

五、承担本寨农业生产和产业经营的服务和协调工作，为农民提供产前、产中、产后的协调服务和市场、技术等信息服务；为本寨各种经济组织之间、经济组织与村民之间在经营活动中的用地、用电、用水等进行协调和统筹。

六、引导寨内农民爱护公共财产，依法合理开发利用自然资源，保持和改善生态环境。

七、监督本寨农业产业化项目实施及资金使用。

八、完成村委和寨管会交办的其他事项。

产业发展组的工作职责从另一个侧面反映了村组织在农村集体经济发展中的重要作用。俗话说：“万丈高楼平地起。”如果一个产业项目在村组织内得不到支持，除非项目负责人能够从上级政府组织得到支持，否则，基本上以失败告终。

为了促进“十户一体”公约的落实，村支“两委”在各种村规民约中通过多种措施提高村民的积极性：一方面，对表现积极的农户给予优先照顾。《展良村联户建小康村规民约》规定：“鼓励村民自主创业，对有一定产业规模并带动部分村民参与的联户（农户），村两委在安排产业扶持时优先考虑，确保现有产业的后续发展。”“鼓励成立相应产业合作组织，对有效益和辐射带动村民参与形成‘一户一品’的产业合作组织，村两委在安排产业项目扶持时重点倾斜，并牵头申报相应合作社发展基金予以支持。对团结性好、热心村级事务、具有创业带富意识的联户（农户），优先考虑帮助成立或吸收成为产业合作组织成员。对违反国家有关政策或不服从村级事务管理的，村两委调整拟发展产业合作组织的联户。”另一方面，对不配合的农户给予一定的惩罚。《展良村村规民约》规定：“每位村民必须诚实守信，重承诺，守信义，以诚立业，以信取人，在生产生活、社会交往中，应遵循平等、自愿、互惠互利的原则。积极响应和支持村两委的工作，若因公益事业、产业发展需要，村内任何组织和个人必须服从统一规划和调整，若有不服从的将取消一切惠农政策，所有事务均不给予办理。”①

第二节　丹寨县农民专业合作社发展现状

贵州省内成立了大量的农民专业合作社。对于农民专业合作社，国家在财政、税收等方面有一系列的优惠政策。在丹寨县内，也成立了大量的农民专业合作社。由于各方面的条件限制，本部分主要梳理几个调研点的农民专业合作社发展情况。

一、王家村农民专业合作社发展现状

为了发展本村手工刺绣产业，王家村于 2012 年就在县工

① 2017 年 4 月 30 日，展良村村委会，田野调查资料。

商局注册成立了“丹寨县苗家女古法手工刺绣有限公司”，公司注册资本10万元（村集体出资），法定代表人就是村委会主任王兴培。合作社成立后，订单都由合作社对外联系，销售也由合作社负责。原材料的提供、设备的维护也都由合作社负责。村民加工好成品后，合作社按件付工资给村民。产品销售后，村集体提取销售额的10%～15%作为村集体经济收入。根据王兴培的介绍，刺绣线材均为从浙江购买的高质量线材，还曾多次派社员到贵阳、北京学习以及参加比赛。现在，合作社社员达120余人，年产值50万元，实现农村妇女增收致富、传承民族传统手工艺的基本目标。根据《王家村村级集体经济发展实施方案》介绍，王家村2016年实现“村集体经济5万余元”。① 刺绣合作社是目前王家村集体经济的主要收入来源。

2016年，村里通过流转土地180亩，发展精品水晶葡萄种植业。预计3年后挂果，可实现亩产值1万元，总产值可达180万元。土地流转费用方面，条件好的田大约500元/亩，条件差的地大约300元/亩。此外，村里还大力推动蔬菜种植、家禽养殖业发展。2016年，村里一个蔬菜种植户创造产业收入3万元；五个养殖专业户创造产业收入25.5万元；另有运输专业户1个，创造产业收入20万元。为了促进产业发展，福亚村（合并到王家村的村子之一）于2016年注册成立了“丹寨县兴仁镇福亚村福兴产业扶贫专业合作社”，注册资本

① 2017年5月5日，王家村村委会，田野调查资料。

10 万元。根据 2020 年 6 月对王家村党支部原第一书记的回访，虽然没有预想的那么多，但是该村的葡萄种植产业已经开始产生经济效益。①

2017 年初，在帮扶单位县科技教育局与镇扶贫和农业服务中心的指导帮助下，王家村种植了魔芋 144 亩，覆盖贫困户 39 户，覆盖率 100%。种植魔芋项目总共投入资金 20 来万元，都是县里的扶贫专项资金。种植的魔芋主要分为“母芋”和“子芋”两种，前者个头较大（一般长到半斤左右），次年就可以出售。后者个头较小（2～3 两），一般要 2 年才能出售。为了让魔芋种植保产保质，村委会与驻村干部邀请县农广校的农艺师到村里进行技术指导。由于 2017 年种植的来自雷山县的母芋在当地生长情况不太好，长虫比较多，因此，到目前为止还没有成品出售。② 2019 年，村里基本放弃了魔芋种植产业，重点转向养殖业。江苏商会作为对口援助单位，向村里新办的养殖场捐赠了 10000 只鸡苗；村里同时和另一家公司签订协议，发展养鸭业。由于当地非洲猪瘟疫情比较严重，很多生猪养殖合作社亏损严重，但鸡鸭养殖合作社效益良好。③

在总结村级集体经济中存在的突出问题时，该村认为主要有几个方面：一是村级集体经济增收难度大，发展后劲不足，要想实现较快增长，困难较大。二是对上级政策补助的依赖性较为突出。即使村集体当年不采取任何措施，也能获得相当的

① 2020 年 6 月 20 日，电话回访王家村党支部原第一书记刘振兴。
② 2018 年 8 月 2 日，电话回访王家村党支部原第一书记刘振兴。
③ 2020 年 6 月 20 日，电话回访王家村党支部原第一书记刘振兴。

收入。因此依赖程度较高，存在“等、靠、要”现象。三是农村集体土地所有制得不到体现（有关该点的具体内容，将在下一节进行详细分析）。四是村级基层组织建设有待加强。村干部发展思路要创新，对资产尤其是闲置的流动资产采取对外投资、入股、租赁等经营方式，因受到农户小农意识的影响，缩手缩脚，再加之本来的想法就不够成熟，自身就心存疑虑，难以说服群众，缺乏开拓进取精神和敢想敢做的勇气和魄力。① 根据介绍，在外来资金方面，王家村2017年获得县里扶贫专项资金60万元，种植魔芋花费20余万元，种植蔬菜和发展养殖业花费几万元，其余的30余万元用于刺绣合作社。当然，扶贫专项资金没有计入村集体经济收入。

二、白元村农民专业合作社发展现状

白元村的村集体经济发展得相对较好。白元村在2000年之前基本上是以煤炭开采为主，煤炭资源走向枯竭，村民开始思考转型发展的问题。2000年之后，村里慢慢开始发展茶叶种植产业。村支书是发起人，吸引浙江茶商投资，种植的种类为福建大白毫。2004年，退耕还林后又进一步扩大了种植面积。到2008年，基本上村里就有收入了。

2019年该村一共种植1100多亩茶，主要由4个外地茶商承包。全村117户农民，只有6户没有参加土地流转（1户为

① 《王家村村级集体经济发展实施方案》，2017年5月5日，王家村村委会，田野调查资料。

五保户，1户为单亲家庭，2户没有在家，2户单干）。村支书王飞承包了20亩，村文书承包了100亩。土地流转费用为80元/亩·年。村文书还自己学茶叶加工，加工完之后卖给另外几个茶商，大约500元/斤。

在采茶的季节，很多村民都去帮忙采茶。采茶按采摘茶青的重量计算工钱，采茶青按50元/斤计算。合计下来，一般老人每天能够得70~80元的工钱，一般的成年人在150元左右，超过200元的只有少数人，最多的有人拿到过280元。周末，小孩子也可以帮忙采茶。村里的剩余劳动力不够的时候，周围村的人也会来帮忙采茶。如果是自己家里的茶青卖给茶厂，清明前茶青可以卖70元/斤。在不采茶的季节，村里的剩余劳动力就参与茶山的维护。在派工的时候，优先照顾贫困户，以及村集体活动中的积极户。该村的茶场用工中，本村人口占到60%以上。

这样一来，在不同的季节一家老小都有事情做。一家之中，壮劳力出去打工，其他在家的成员也有了收入，家庭收入自然就提高了。村支书说，现在茶叶产业已经基本形成，经济条件在当地来讲算是比较好的，村里计划将茶叶种植规模扩大到2000亩。

2016年初，村里开始搞农业合作社，但是没有注册。2016年11月注册成立了“丹寨县龙泉镇白元村王飞产业扶贫合作社”，社员51人，负责人是村支书王飞。农户集资入股，通过合作社把农户和承包茶山的茶商挂钩。在合作社收益上，采取“三三三一”分配机制：三成留作集体经济收入、三成用于帮扶贫困户、三成由合作社成员分配、一成用作村干部的补贴。2017 年 1 月，合作社得到了龙泉镇人民政府下拨的 20 万元“农村集体经济项目（入股茶叶种植）”资金。2018—2019 年，合作社定期向入股的农户分配了 1000 ~ 3000 元不等的红利。

白元村还于 2018 年发展了养鹅产业，当年实现盈利。养的第一批鹅由公司回收后产生利润 5 万多元，都已经根据合作协议分配给了养殖户。2019 年，养殖的第二批鹅遭遇了困难，原因是合作的老板没有按时回收，这给养殖农户造成很大的压力。①

三、展良村农民专业合作社发展现状

2017 年，展良村开始农民专业合作社建设，主要从事葡萄和蔬菜种植。2017 年，村里种了 54 亩红提、126 亩蔬菜。此外，该村还计划发展鸡鸭养殖产业。在蔬菜水果种植过程中，将本村所有贫困户都纳入合作社。村民以三种形式入股：一是土地入股，按每亩土地 1000 元折价。二是土地流转，按每亩土地 1000 元流转。三是工资入股，按不同季节每天的工资分别为 70/80/100 元。在合作社运行过程中，实行按技术、产业分配到户管理，进行挂牌监督。据村干部介绍，这样有利于提高大家的积极性，提高主人翁意识。在合作社收益上，同样采取“三三三一”分配机制。

① 2019 年 8 月 20 日，白元村村委会，村干部访谈资料。

实际上，展良村的集体经济发展受到了相邻的马鞍村的影响。根据龙泉镇扶贫办工作人员的介绍：马鞍村紧紧围绕“党建带扶贫，扶贫促党建”的思路，采取“村支‘两委’+专业合作社+基地+农户”的模式，由马鞍山合作社辐射带动，采取“五个统一”模式（统一种苗、统一技术、统一模式、统一品牌、统一销售），带动马鞍村、展良村、天星桥村、羊甲村、高排村共920户（其中贫困户505户）种植1740亩水晶葡萄。他们建立“三三三一”利益分配模式（从项目纯利润中提取30%作为股东奖励；30%作为村集体经济收入；30%作为分红金分给贫困户；10%作为村干部、合作社的领导及村集体公益事业基金）；探索开展“支部带实体、龙头企业（合作社）带产业、党员和致富能人带贫困户”的“三带”产业发展模式；积极动员群众以土地入股、资金入股、劳动入股等方式参与合作社抱团发展，抵御发展风险，实现“资源变资产、资金变股金、农民变股民”的“三变”模式。2017年，马鞍村示范基地已形成“一村一品”示范点，覆盖全村贫困户86户298人，困难党员6户，每年可带动贫困户和困难党员200人以上到基地务工，按人均80—100元/天计算，贫困户和困难党员可以从中获得每年1000元/亩土地租赁收入和3400元劳动收入，以及集体经济入股分红，全村干事创业氛围浓厚，确保2017年能够实现整体脱贫目标。①

① 2017年4月23日，龙泉镇政府扶贫办，镇政府工作人员访谈资料。

四、高要村农民专业合作社发展现状

2017年上半年，高要村的农民专业合作社还处于规划阶段。集体经济发展不力，是该村村干部的一个难题。2019年，再次到当地进行调研的时候，据村委会主任介绍，2017—2019年，该村的集体经济取得了较大的发展。

2017年下半年，村里开始流转山地，种植茶叶，发展了400余亩茶林。截至2019年，每年茶场的用工就能给村民发放工资40余万元。村里的梯田在搞风景区开发，将附近的一片山地租出去作为停车场，每年有7万～8万元的收入；发展蓝莓种植基地，每年也有2万余元的收入。这样，村集体经济的收入能达到10万元左右。还计划将村里的水库承包出去，预计每年能有5万元的收入。①

第三节 农民专业合作社发展与村规民约转型

农民专业合作社发展从项目确立到项目运行，从用工安排到利润分配基本都离不开村委会的统筹安排。在农民专业合作社发展过程中，项目的立项培育离不开村委会的统筹安排。在农民专业合作社的用工中，也离不开村委会的统筹安排。不管是本村内部成立的农民专业合作社，还是外地商人牵头成立的农民专业合作社，都需要用工。如前所述，本村内部成立的农

① 2019年8月22日，高要村村委会，村干部访谈资料。

民专业合作社基本上由村干部担任法定代表人，自然方便安排用工；而外地老板在当地又人生地不熟，用工的时候也需要村干部予以协调。这样一来，村干部在用工上就有比较大的自主性。在访谈中，有村干部表示："安排用工的时候，我们就会对贫困户以及平时在各项考核中表现较好的农户进行优先安排，让他们也多得点实惠。"① 除了这些一般事项外，还有一些涉及宏观法律制度与相关政策的问题，是村规民约转型中的重要问题。

一、集体土地调整与村规民约转型

丹寨县很多村的村规民约都规定，为了促进产业发展，村民有义务配合村支"两委"进行土地流转、土地租赁和土地调整。对于全国大多数地方的农民而言，土地调整已经是一个相对陌生的词了。因为自 2002 年《农村土地承包法》实施之后，农村土地"大稳定，小调整"已经成为基本原则。贵州则在 20 世纪 80 年代就确立了"增人不增地，减人不减地"的基本原则。而且，全国各地近十几年来很少再进行土地调整。在这种背景下，要进行土地调整以发展农村集体经济，确实需要在村规民约中对该问题进行适当规定，以减少产业发展过程中的制度障碍。

法律层面，《农村土地承包法》第 27 条规定："承包期内，发包方不得调整承包地。"第 28 条规定"承包期内，因

① 2017 年 4 月 24 日，白元村村委会，村干部访谈资料。

自然灾害严重毁损承包地等特殊情形对个别农户之间承包的耕地和草地需要适当调整的，必须经本集体经济组织成员的村民会议三分之二以上成员或者三分之二以上村民代表的同意，并报乡（镇）人民政府和县级人民政府农业等行政主管部门批准。承包合同中约定不得调整的，按照其约定。”这是我国法律制度就土地调整问题作的基本规定。

政策层面，2008 年党的十七届三中全会《关于推进农村改革发展若干重大问题的决定》指出，要“赋予农民更加充分有保障的土地承包经营权，现有土地承包关系要保持稳定，并长久不变”。“长久不变”的表述改变了 2002 年《农村土地承包法》第 4 条规定的表述（国家依法保护农村土地承包关系的长期稳定）。在党的十八届三中全会《关于全面深化改革若干重大问题的决定》提出要“赋予农民更多财产权利”的背景下，准确理解“长久不变”的含义具有重要意义。

一段时间内，关于“长久不变”的含义出现了多种解读：党的十七届三中全会后，时任国务院发展研究中心农村经济研究部研究员刘守英在接受采访时指出，“长期”与“长久”的根本区别就在于，前者是有期限的，后者是无期限的。“长期”改为“长久”，就是要超越 30 年，甚至长于 50 年、70 年，具体的年限还要通过立法机关来表述。[①] 时任中央农村工作领导小组办公室主任陈锡文解读报告时提出，应该比现在的

① 原松华：《十七届三中全会：农村改革再次启航》，载《中国发展观察》2008 年第 12 期，第 47 页。

"30年不变"要更长。[①] 有学者提出，"长久不变"这一政策性语言要转变为准确表述、便于执行的法言法语，就必须明确土地承包经营权的具体期限。[②] 学界对于土地承包经营权的具体期限问题众说纷纭，主要有这样几种观点：一是认为可继续沿用目前的30年承包期，到期自动续期；[③] 二是认为参照城市建设用地使用权的70年期限；[④] 三是认为应该是永久的、无期限的土地承包经营权。[⑤] 在党的十九大报告中，习近平总书记表示："保持土地承包关系稳定并长久不变，第二轮土地承包到期后再延长三十年。"[⑥] 这实际上是党中央对这一问题作出的基本回答。既不否定"长久不变"，又继续维持"再延长三十年"的基本做法。

《农村土地承包法》第二章第四节分别就承包方自愿交回承包地、因特殊情形需要进行个别调整、新增人口、妇女结婚、承包人死亡等情况下的土地承包经营权保护问题作出规

---

① 赵琳琳：《现有农村土地承包关系"长久不变"》，载《广州日报》2008年10月27日，第2版。

② 杨久栋、苏强：《农地产权"长久不变"的法律创新及其实现》，载《农业经济问题》2015年第4期，第28页。

③ 刘灵辉：《土地承包关系"长久不变"对征地补偿的影响与制度改革》，载《中州学刊》2015年第7期，第41页。

④ 张红宇、李伟毅：《人地矛盾、"长久不变"与农地制度的创新》，载《经济研究参考》2011年第9期，第35页。

⑤ 高圣平、严之：《"从长期稳定"到"长久不变"：土地承包经营权性质的再认识》，载《云南大学学报（法学版）》2009年第4期，第37页。

⑥ 新华网：《习近平：第二轮土地承包到期后再延长三十年》，网址：http://www.xinhuanet.com/2017-10/18/c_1121820528.htm，访问日期：2018-08-05。

定。根据上述规定可知，除了第28条就特殊情形下的个别调整作出规定外，其他几条都是关于人口流动、出生、死亡等情况下的土地承包关系稳定问题。在“大稳定、小调整”的原则下，人口流动、出生、死亡等原因都不再是土地调整的充分条件。因此，第28条的规定对于理解在什么情况下可以进行土地调整具有重要意义。第28条规定“承包期内，因自然灾害严重毁损承包地等特殊情形”需要对个别农户的承包地进行调整的，必须符合该条所规定的严格条件。根据体系解释的同类解释规则，至少是与“自然灾害严重毁损承包地”相当的原因才能进行土地调整。除此之外，不宜轻易进行土地调整。土地承包经营权“长久不变”的政策意蕴，是要确认单个家庭抽象的所有权之外的其他权利。在集体所有制的前提下，最大限度地还权赋能，使集体所有制能够真正通过单个家庭的自主决定来得到运行。当前正在全面推进的集体土地使用权确权登记工作就是要明确单个家庭的具体权利对象。可以预期，在土地确权登记工作完成后，将会进一步扩展单个家庭的土地权利内容。

为了促进农村集体经济的发展，存在规模化经营的需要。而且，家庭联产承包责任制确实存在分散经营、力量单薄等问题。正是在这种严格的法律与政策限制之下，各村集体都在积极采取措施鼓励土地流转。《白元村“五户联保”公约》规定：“按村产业发展规划需要，村民有义务积极配合以土地流转、土地租赁等方式支持培育壮大村级产业。若有不配合村级产业发展的，村两委调整参与村级产业的联户，同时取消该联户小组享受的一切惠农惠民政策，直至该户配合工作为止。”“在产业发展规划内不愿意参加产业的，村民委员会有权对其土地承包责任制进行调整。”[①] 其他如《展良村村规民约》规定：“每位村民必须诚实守信，重承诺，守信义，以诚立业，以信取人，在生产生活、社会交往中，应遵循平等、自愿、互惠互利的原则。积极响应和支持村两委的工作，若因公益事业、产业发展需要，村内任何组织和个人必须服从统一规划和调整，如若有不服从的将取消一切惠农政策，所有事务均不给予办理。”[②]《马鞍村村规民约》规定：“全体村民均有保护耕地的义务。村任何组织和个人使用土地都应服从村的统一规划和调整，不得侵占、买卖或者以其他形式非法转让土地。”[③]

在目前的法律政策框架下，前述村规民约中的相关规定存在一定的风险。集体经济组织内的村民都没有意见当然不会有问题，有意见能够及时化解也问题不大。在集体经济发展顺利的情况下，是不容易产生问题的。在“十户一体”公约对村民具有较强约束力的情况下，出现大问题的可能性也不大。

① 2017年4月24日，白元村村委会，田野调查资料。
② 2017年4月30日，展良村村委会，田野调查资料。
③ 2017年5月10日，龙泉镇政府，田野调查资料。

二、土地征用补偿费分配与村规民约转型

如前所述，王家村在总结集体经济发展中的困难时就讲到“土地征用补偿费问题上，‘分光用光’的现象相当普遍”。在展良村进行调查的时候，有村干部也表达了类似意见，认为“既然土地是村集体所有的，村民只是享有承包经营权，那为什么土地征用补偿费要全部归村民个人所有呢？现在村集体收入太少，想要进行一些公共项目建设，但经费短缺严重。那些补偿费应该拿出一部分来归村集体支配，用于村里公共事业建设”①。这些意见一方面反映了村干部的集体意识，另一方面也可能受到了兴仁镇某村集体占用农户土地征收补偿款案例的影响。各村委会在控制力增强的时候，表现出比较强烈的从土地征用补偿费中提取一部分的冲动。

“自 1978 年引入家庭联产承包制至今的一系列政策，都是在不断强化农户为基础的土地权利。在中国大多数农村，集体所有制变成了事实上的成员权共有制，即村集体所有的土地及其资产理应由村集体成员联合所有。但是，《物权法》和《农村土地承包法》等法律又授权集体组织——行政村、自然村或村民小组代表集体成员行使所有权。由此导致集体所有制的内涵变得十分模糊”。由此导致“在集体所有制问题上存在普遍的误解，常常认为集体所有即集体资产由集体行政组织拥有。尽管《物权法》试图明确村集体成员和村集体行政组织

① 2017 年 5 月 7 日，展良村村委会，村干部访谈资料。

之间在集体资产所有权上的关系，但是集体组织仍然是农村承包地的发包方，保留对农地承包合约的控制权，在土地征收时行使更大的谈判和裁量权，以及常常行使集体资产（包括土地和非土地资产）经营权，集体资产形成的利润往往更主要由集体组织支配而不是直接到集体成员手中”①。对于集体所有制内涵不清的问题，有学者认为这是一种“有意识的制度模糊”②。不管是不是“有意识的制度模糊”，“制度模糊”是客观存在的，并由此导致了大量的土地征用补偿费分配纠纷。

长期以来，贵州省内的农村地区实际实行的是“谁征谁得”，但这一模式正在被打破。调查过程中，本人对一名在某镇政府值班的法律援助律师进行了访谈。③ 他介绍了一个“新型纠纷”：2016 年前后，某镇某村集体截留了村民的部分土地征用补偿费。有一户农民的承包地被征收了，但是土地征用补偿费被集体占用了很大一部分，他自己只得到很少一部分。他觉得不公平，要求得到全部土地征用补偿费。这样一来，村里“农干会”（负责操办红白喜事的群众组织）就以“以后不帮助他家办婚丧喜事”相要挟。纠纷发生后，他想起诉村集体，但是地方政府不让律师代理。由于访谈时间有限，未能全面掌握该纠纷的信息。在已有信息中包含着三个重要信息：首先，

---

① 网易新闻：《专访刘守英：明确界定土地产权 统一土地不动产登记体系》，网址：http：//news.163. com/14/0701/10/A02I1S0100014JB5.html，访问时间：2018－08－05。

② ［荷］何·皮特：《谁是中国土地的拥有者：制度变迁、产权和社会冲突（第二版）》，林韵然译，北京：社会科学文献出版社 2014 年版，第 1 页。

③ 2017 年 5 月 5 日，XX 镇政府，法律援助律师访谈资料。

村民对农村土地承包经营权的片面理解与村集体经济组织的不当处理是该纠纷发生的重要原因。其次，村集体的约制措施是非常明显的集体排斥。最后，当地政府对当事人寻求法律支持的阻碍。虽然该纠纷没有进入诉讼阶段从而引发较大的社会关注，但具有重要的法律意义（对此将在第五章进行详细论述）。

二、新型盈余分配机制与村规民约转型

在贵州省丹寨县这一轮的农民专业合作社发展的高潮中，一个重要的闪光点是新型盈余分配机制——“三三三一”制。该分配机制的具体内容已经在前文中介绍过，在此不再重复。调查中发现，近些年丹寨县注册的农民专业合作社的法定代表人基本上是各村支部书记和村委会主任，办公地点也基本上是依托村委会办公场地。也许，正是因为如此，才会产生出“三三三一”盈余分配机制。

现行的《农民专业合作社法》对利润分配问题有一些原则性的规定。该法第 4 条规定，农民专业合作社应当遵循的原则就包括“盈余主要按照成员与农民专业合作社的交易量（额）比例返还”。第 15 条规定农民专业合作社章程应当载明的事项包括“财务管理和盈余分配、亏损处理”。第 21 条规定的农民专业合作社成员权利包括“按照章程规定或者成员大会决议分享盈余”。第 42 条还就农民专业合作社的公积金提取问题作出了原则性规定，但没有规定公积金提取的具体比例。从这些规定来看，农民专业合作社中的财务管理规定基本

上由合作社成员自行约定。因此，“三三三一”制是符合法律规定的。

“三三三一”制有三大亮点：一是对贫困户的倾斜。从扶贫的角度来看，该利益分配机制是值得高度肯定的。在丹寨县近些年成立的农民专业合作社中，各村都积极将本村的贫困户纳入农民专业合作社。在农民专业合作社中，农民不仅可以获得工资收入，还有机会获得分红（盈余分配）。这也从另一个角度表明，本轮农民专业合作社兴起的浪潮与中央及地方政府大力推进扶贫工作有密切联系。这种形势下发展起来的农民专业合作社，不仅是一种经济组织，更承担着一定的政治使命。二是镇政府以资金入股的形式给予支持。与对农村集体经济组织的无偿援助不同，镇政府在向农民专业合作社下达资金的时候明确约定属于资金入股。基层政府组织向有潜力的农民专业合作社注资入股，然后通过审计的方式对农民专业合作社的财务管理情况进行审核以维护社员的合法权益。三是给予村干部适当补偿。在以前的人民公社、村委会（村民集体经济组织）中，村干部是难以获得财政补贴之外的工作报酬的。有学者认为，人民公社时期中国农村的“集体经济在制度安排上消灭了剩余权机制，但是它并不因此就能够取消给予集体生产的监管者经济激励的需要”①。政治待遇（行政升迁机制）的缺乏，

① 周其仁：《产权与制度变迁：中国改革的经验研究》，北京：北京大学出版社2004年版，第13页。

导致监管者特权[①]的出现。从制度层面明确村干部享有适当的获取报酬权，对提高村干部的工作积极性具有重要意义。

调查中发现，各乡镇的农民专业合作社盈利情况差别较大。条件比较好的乡镇，实现盈利并能够实际分红的合作社达到80%左右。条件比较差的乡镇，能够盈利并分红的合作社在20%～30%。龙泉镇采取的一个办法是让村干部自己掏钱入股农民专业合作社，每个合作社都要求村干部入股2万～3万元。镇政府认为这样做有两个好处：一是增强村干部的责任心。既然自己拿真金白银入股了，责任心相对而言就更强一些。二是增加村干部的收入。入股合作社有合理合法的分红，这可以弥补专职村干部的部分收入损失。[②]

本章小结

有学者指出，部分地区仍然存在的村民委员会与村民集体经济组织“村社合 ”局面仍然“容易导致二者职责不明，关系不清，甚至可能导致少数村委会干部控制集体资产，导致集体资产流失和滋生腐败，这是不利于农村集体经济长远发展的，也不利于农村集体经济的规范运作”[③]。如前所述，丹寨

① 即社队干部凭借管理职务获取私人利益。周其仁：《产权与制度变迁：中国改革的经验研究》，北京：北京大学出版社2004年版，第21页。

② 2019年8月22日，龙泉镇政府，镇政府工作人员访谈资料。

③ 石宏：《中华人民共和国民法总则：条文说明、立法理由及相关规定》，北京：北京大学出版社2017年版，第233页。

县近些年的新型农民专业合作社基本上由村党支部书记或村委会主任担任法定代表人，这就形成了更加复杂的“三合一”制度安排。为了建立公开透明的财务管理制度，也为了防止上述问题的出现，在农民专业合作社章程中直接规定村干部可以获得适当报酬是一种值得肯定的制度安排。这种情况下，需要建立更为完善的农民专业合作社财务管理制度，防止农村集体经济组织与农民专业合作社的财产混同现象。因为从法律层面来看，农村集体经济组织与农民专业合作社仍然是有区别的。①

① 石宏：《中华人民共和国民法总则：条文说明、立法理由及相关规定》，北京：北京大学出版社2017年版，第234页。

第五章 “十户一体”公约中的乡村社会秩序塑造与村规民约转型

关于乡村纠纷解决，有学者总结了“主体”与“治权”两大主题。乡村纠纷解决的主体“主要指代乡村组织，也包括更广泛意义上的民间纠纷调解人。乡村组织一般是国家政权组织或得到国家政权认可的社会自治组织。民间纠纷调解人一般是在民间社会享有威望的个人”。乡村纠纷解决的治权是指“主体配置、调动资源进行纠纷解决的能力”。[①] 较早提出乡村治理中治权问题的是李昌平先生，他认为乡村治权主要是经济基础，即集体土地所有制。此后，相关学者进一步发展了这种理论。有学者认为乡村治权是对乡村权力与治理资源的综合，指“乡村组织凝聚、配置资源从而进行乡村治理的权力”。治理资源又可以分为两大类，即物质性资源（指乡村组织所拥

---

① 陈柏峰：《村庄纠纷解决：主体与治权——皖中葛塘村调查》，载《当代法学》2010 年第 5 期，第 23 页。

有的物质和财政资源，包括集体土地、乡镇企业等）和权威性资源（指乡村支配村民的手段与制度，如综合治理、“两工”制度等）。[①] 这些研究成果为我们更理性地看待丹寨县村级调解委员会、村委会的纠纷解决能力提供了理论框架。

作为纠纷解决方式之一，调解在我国拥有悠久的历史。调解“有利于更好地实现纠纷解决的公正性和合理性”，“有利于保证纠纷解决的和谐性和彻底性”，“有利于更好地实现纠纷解决的经济性”。[②] 在诉讼案件急剧上升的时代，调解发挥着重要的纠纷疏解作用。一般而言，“调解人无权强加某一结果给争议的各当事方”[③]。调查中发现，当地村调解委员会、村委会的纠纷调处效率比较高。需要进一步关注的问题是，哪些因素让当地村调解委员会、村委会拥有明显较强的纠纷调处能力？

在丹寨县大力推行“十户一体”公约以来，村级组织的人员调动能力、资源调动能力都大幅提升了，这是当地村调解委员会、村委会纠纷调处能力大幅提升的根本原因。从人员调动能力方面来看，首先是当地调解委员会成员的工作积极性提高了。这些村级组织的人员配置更加健全了，职责也更加明确

① 申端峰：《治权与维权：和平乡农民上访与乡村治理 1978—2008》，华中科技大学 2009 年博士学位论文，第 12 页。

② 廖永安：《中国调解学教程》，湘潭：湘潭大学出版社 2016 年版，第 30 页。

③ 斯蒂芬·B. 戈尔德堡、弗兰克 E. A. 桑德、南茜·H. 罗杰斯、塞拉·伦道夫·科尔：《纠纷解决——谈判、调解和其他机制》，蔡彦敏、曾宇、刘晶晶译，北京：中国政法大学出版社 2004 年版，第 115 页。

了。从资源调动能力方面来看，当地村委会的资源调动能力大幅提升了。在“十户一体”公约框架下，2020 年以前村委会不仅可以调动低保户、特惠贷、扶贫开发项目等资源，还可以调动集体经济组织等资源。在这种情况下，村委会一方面可以调动更多的资源从其他方面对纠纷当事人给予某种补偿，另一方面也可以调动各种资源向纠纷当事人施加更多的压力。村委会纠纷排查调处的目标是“小事不出村，大事不出镇，努力将矛盾纠纷解决在萌芽状态，解决在基层”。[①] 如果纠纷当事人不配合村调解委员会、村委会工作，那么在此后的一段时间内，他就比较难享受到各种福利待遇。在《王家村五户联保诚信户考核评比办法》中有非常具体的体现，在每月总分 100 分的评比中，“联人心，保活力”部分占 20 分。在这 20 分中，“邻里间和谐友爱，做到小事不出组，大事不出村”占 12 分。[②] 这就非常明显了，如果一户人家把纠纷闹出了村组，那么不仅他自己家，包括联户内的其他村民都可能受到重大利益损失。因此，纠纷当事人都会在内心仔细衡量，尽量作出让步，配合村委会工作的开展。此外，值得注意的是，在各村委会调处大量日常纠纷的同时，个别村委会的不当行为也造成了新的难以内部化解的纠纷。对于这些问题，需要给予全面的关注。

① 2017 年 4 月 25 日，高要村村委会，田野调查资料。
② 2017 年 4 月 26 日，王家村村委会，田野调查资料。

第一节　维护社会秩序的规范体系

“联治安，保稳定”和“联安全，保平安”都是“十户一体”公约的重要内容。在《王家村“五户联保”公约》共26条具体规定中，这两部分占到了13个条文。在“联治安，保稳定”部分，对寻衅滋事、偷盗抢劫、打架斗殴、参与吸毒、酗酒闹事、带头非法上访、信奉邪教、赌博、嫖娼等行为都设置了惩罚性规定。在“联安全，保平安”部分，对影响安全生产的各种行为也设置了惩罚性规定。相关条文的具体内容，可以参见第一章中的《王家村“五户联保”公约》原文。

针对地方长期存在的信访难题，很多村还制定了专门的信访矛盾纠纷排查制度，如高要村村委会制定了《高要村信访矛盾纠纷排查化解工作制度》。[①] 文件内容较多，举其要点如下：1. 村群众工作室要“随时了解和掌握各村小组矛盾纠纷的化解情况；及时协调调委会调解不了的矛盾纠纷；及时将本行政村调解处理不了的矛盾纠纷以及可能出现越级上访、异常上访和群体性事件苗头向驻村干部或镇人民综治办报告；每月向镇群众工作站至少报告一次本月矛盾纠纷排查化解情况。2. 区别不同情况，实施分类化解。对排查出的问题，法律政策有明确规定的，能及时解决的，及时解决到位；对诉求合理，但政策没有明确规定或规定不完善的，研究完善对策，积极推动

① 2017年4月25日，高要村村委会，田野调查资料。

解决；对要求过高的，耐心细致做好疏导教育工作，防止矛盾激化；对诉求不合理，但生活确实困难的，采取政府救助、社会救济、民间互助等方式，使其基本生活得到保障；对以上访为名，制造事端、煽动闹事的违法人员，依法严肃处理。3. 整合工作资源，及时就地化解。充分发挥村两委的政治优势，把各有关部门的职能作用充分发挥出来，倾听村民诉求，把信访、维稳、综治、共青团、妇联等工作资源有效整合起来，化解矛盾纠纷，维护群众合法权益，促进社会和谐。4. 确定重点问题，领导包案化解。对涉及面广、时间跨度大、容易升级激化、带有普遍性的疑难复杂问题，实行领导包案，一包到底。这些工作措施要求，都充分体现了村调解委员会、村委会在“十户一体”公约下被要求承担更多责任，也确实比以前更为积极、更为辛苦了。

第二节 纠纷的高效调处与村规民约转型

从各村的资料记录来看，高要村调处的纠纷比较多。这与当地的激励制度有一定关系。根据龙泉镇司法所工作人员介绍：镇里要求村调解委员会每个月报送一次排查纠纷的情况，对已经调解完成的纠纷按照相应的要求装订成册，报送给镇司法所，每件纠纷可以发放200元劳务费。有些村整理的纠纷调解卷宗较多，有些村整理的纠纷调解卷宗就很少，甚至没有。比如龙泉镇经济状况较好的卡拉村，其村内的纠纷排查记录本上也简要记录了一些纠纷排查情况，但没有整理上报任何纠纷调解卷宗。

一、日常纠纷的调处以情为重

（一）土地承包经营权流转纠纷调处

1．纠纷概要：高要村二组的刘某能，由于多次向本村五组的汪某东催讨田租未果，便到司法所申请调解，请求帮忙讨回田租。据调查，汪某东确实租用刘某能的田地，且2007年至2014年一直未付田租，共计3900元。刘某能多次催讨，汪某东均以各种理由拖欠。

汪某东是村里的支委，家里经济条件不错。之所以拒付田租，是因为之前跟刘某能家有些小纠纷，刘某能讨要田租时，亦对他言辞不善，故不愿按时支付。考虑到汪某东为人好面子，正面劝说只怕效果不理想，于是村调解委主任和与汪某东比较熟悉的驻村工作队人员假装到他家拉家常，在“无意”中说到这件事情的时候，工作人员趁机劝解汪某东：“……特别作为村干部，更要带头化解矛盾，而不是激化矛盾，这样才能彰显我们村干部的肚量。”

与此同时，另外的工作人员也教育了刘某能，告诉她讨要田租是维护自己的合法权益，但要有合适的言辞举动，更何况刘某能作为晚辈更加不应该对长辈恶语相向。认识到自己的错误后，刘某能主动上门与汪某东座谈，给足汪某东面子。有了“台阶”，汪某东立马爽快地一次性支付了拖欠6年的田租，并表示以后每年年底支付一次。①

2．案例解读

本纠纷中，主要关注纠纷调解中的关系修复以及“十户一体”公约实施对纠纷调处成功的积极影响。

首先，调解是纠纷解决的过程，更是关系修复的过程。中国人特别“好面子”，传统社会中的中国人更加“好面子”。在传统社会里，“面子”有着丰富的含义，它是社会地位、财富、尊严等多种因素融合而成的一种结晶体。如果一个人的面子受损了，那就要想办法弥补回来。正是在面子观念的影响下，汪某东一直拖欠本应支付的田租。

从现代法律观念来看，汪某东没有按照合同约定履行义务，是违约方。但是，调解过程中“犯错”的似乎成了刘某能，因为她的言语伤了汪某东的面子。如果汪某东认为刘某能给他造成了损害，这是另一个法律关系。在调解中，调解者是不会、也无法去严格将两个法律关系切割开来分析的，它们必须被放在一起进行处理。这就是调解的“综合性思维”。② 因此，刘某能主动到汪某东家里去座谈，弥补汪某东的面子。如果非得用现代法律关系去衡量，这起纠纷难以得到高效解决。

其次，“十户一体”公约实施后，村级调解组织有了更强的纠纷调处能力。从纠纷信息可以看到，汪某东已经拖欠刘某能田租 7 年了，但村调解委员会一直没有调解成功。2014 年，

① 2017 年 5 月 3 日，高要村村委会，田野调查资料。

② 廖永安：《当代调解的新理念与新思维》，载《人民法院报》2017 年 6 月 16 日，第 2 版。

也就是当地“十户一体”公约实施之后不久，这起纠纷最终处理完成。这说明纠纷的处理完成与“十户一体”公约的实施有一定的内在关联。对此，参与访谈的调查对象是表示认可的。

（二）土地承包经营权权属纠纷调处

1．纠纷概要：2014 年 5 月，高要村配合镇司法所化解了一起堂兄弟之间的土地纠纷。高要村村民汪某文，当年 5 月刚种上去的杉木苗被其堂弟汪某金一下子拔掉 70 多棵，汪某文连忙补种上去，结果又被汪某金拔掉了。两人剑拔弩张的时候，村干部赶到了现场。汪某金承认树苗是他拔掉的，并声称该山地是他的，是汪某文霸占了他的山地。但汪某文却辩驳道此山地是他自己开荒种植的，至今已在此山地耕作经营了 30 年之久。双方各执一词，矛盾丝毫没有缓和的迹象。村干部束手无策，只好向龙泉镇司法所求助。

调解员老梁和小赵丝毫不敢懈怠，顾不上连日来的高温天气，顶着炎炎烈日，于正午时分赶到高要村进行实地调查、拍照取证。经过一番询问，证实双方当事人都没有充分证据证明此山地的性质、归属。尽管如此，双方依旧争得面红耳赤，战火随时可能升级。为了打开调解局面，调解员抓住双方系堂兄弟这一突破点，找来当事人家族威望较高的长者汪某金，争取到汪某清的支持和配合，将当事人重新叫到谈判桌上来。调解员向双方当事人反复强调亲情可贵、做兄弟有今生没来世、家和方能万事兴等道理，在长者汪某清的助力下，劝说兄弟俩不要为了眼前这点利益伤了兄弟之间的感情和家族世代的和谐。

经过一整天的调解，双方当事人同意互相让步并最终达成了调解协议。当晚十一点多，双方当事人在村委会干部和司法所调解人员的见证下签订了人民调解协议书，协议书内容如下：一、汪某文将该争议山地让与汪某金耕作、经营；二、汪某金一次性补偿汪某文经济损失共计人民币500元；三、汪某金当场向汪某文赔礼道歉并保证以后不得再以此事找汪某文的麻烦。[1]

2. 案例解读

本纠纷主要关注两个问题，即优势证据问题和调解中的利益平衡智慧。

首先，关于优势证据原则。在农村，田土界限不清一直都是民间纠纷的重要起因。在高要村，由于历史原因，山林一直没有划分到户。在本案中，双方都没有充分证据证明争议山地的归属。因此，要具体界定争议地块的归属非常困难。

从优势证据的角度出发，显然汪某文的证据更有优势，因为他长期占用该山地，并在此耕作。从消灭时效制度的角度来看，汪某文也更占优势。如果该地块属于汪某清，则其应该早就会主张权利。

其次，关于调解中的利益平衡智慧。汪某金强硬的毁坏汪某文的树苗，在调解中又不愿意放弃土地，这实际上有损汪某文的面子。在同族长辈和镇司法所工作人员的劝说下，汪某文

① 2017年5月3日，高要村村委会，田野调查资料。

为了兄弟情义放弃已经耕种较长时间的土地，这确实体现了他的大度。其中，一方面是作为堂兄的谦让，另一方面也是受到汪某金的严重干扰难以再继续耕种该块土地。在这种情况下，为了弥补汪某文的面子，就只有让汪某金道歉并给予一定的补偿。其实补偿的金额是非常有限的，基本上相当于树苗费。协议的最后半句表述其实挺有智慧的，“保证以后不得再以此事找汪某文的麻烦”，其潜台词就是如果汪某金再拿获得这个地块来说事，汪某文是不会善罢甘休的。该表述虽然不涉及赔偿，但给汪某文以巨大的心理安慰，也是在约束汪某金今后的言行。

二、重大纠纷的调处情法兼重

相对于日常纠纷的调处以情为重而言，重大纠纷的调处则表现出情法兼重的特点。这其中有两个重要原因：一是所涉事项重大，当事人所给予的重视程度更高。相对而言，现在的法律资源供给也更充足了（进县城请律师已经很方便了，付费甚至免费咨询就更多了）。二是农村社会中的情理、习俗，在很大限度上仍然在发挥重要影响。在两个主要因素共同作用下，法律所支持的利益成了双方当事人谈判的参考基准，情理、习俗所支持的利益仍然是双方当事人谈判的参考因素。

（一）交通肇事致人死亡纠纷调处

1. 纠纷概要：2016 年 2 月 8 日（农历正月初一），高要村汪某启驾车在本村内造成交通事故，造成刘某晨当场死亡。

法院认定的事实如下：2016 年 2 月 8 日，被告人汪某启驾驶制动系统不合格的小型普通客车，从丹寨县龙泉镇高要村篮球场往村口方向行驶。15 时左右，车辆行至刘某某家门市部附近时，未按操作规范安全驾驶，将在路上行走的被害人刘某晨碰撞倒地后碾压，造成被害人当场死亡的交通事故。经司法鉴定，被害人刘某晨系交通事故致颅骨骨折，脑组织损伤死亡。经丹寨县交警大队认定，被告人汪某启承担此次事故的主要责任，被害人刘某晨承担次要责任。被告人汪某启在事故发生后，拨打 110 电话报警，并等候交警处理；案发后，被告人汪某启与被害人家属就交通事故达成赔偿协议，被告人已按照协议内容全部履行完毕，并得到了被害人家属的谅解。

赔偿协议的主要内容：1. 乙方（被告人）自愿赔偿甲方（被害人父母）人民币叁拾叁万元整。甲方将被害人安葬。2. 付款时间：2016 年 2 月 15 日前必须付清贰拾贰万元整；尾款壹拾壹万元整于 2016 年 3 月 10 日前付清。死者安葬前乙方需每天付给甲方生活费叁仟元整（此费用不包含在赔偿款叁拾叁万元内）。3. 赔偿金付清后本案件与乙方无关，此纠纷问题解决后双方不能再找麻烦，否则后果自负。协议书一式四份，双方当事人各持一份，村调解委员会存底一份，镇调解委员会存底一份。①

2. 案例解读

该案中，主要应关注三方面的内容：赔偿金参考基准、赔

① 2017 年 4 月 25 日，高要村村委会，田野调查资料。

偿标准的协议达成以及传统习俗对赔偿协议达成的影响。

首先，关于赔偿金参考基准。根据调查对象介绍①：案发后，双方当事人都就赔偿标准咨询了法律人士。根据贵州省2015年的交通事故赔偿标准（事故发生时2016年的赔偿标准尚未公布），该案的死亡赔偿金为133424.4元（2015年农村居民人均年收入6671.22元，乘以20年）、丧葬费23733元（3955.5元/月，乘以6个月），精神损害赔偿金10000元，总计也就是167157.4元。本案中，由于其监护人监护不到位，应当承担次要责任。因此，赔偿标准还要再打折扣。无疑，这是双方当事人谈判的参考基准。但也正是这一参考基准，让双方当事人无法顺利达成调解协议。

其次，关于赔偿标准的协议达成。由于双方当事人未能就赔偿标准达成一致，村调解委员会及时介入进行了劝解/调解。围绕赔偿标准问题，主要考虑了三个因素：一是被害人刘某晨系本村村民刘某、王某的第三个孩子，也是他们家唯一的儿子。出事的时候，被害人只有2岁半。传统观念影响甚大，作为超生才得来的幼子，被害人家属情感上的伤害更重一些。二是被告人汪某启自己家里的条件不错；他还有3个兄弟，条件都还不错，兄弟们都答应借钱给他赔偿。三是刑事谅解书的作用。由于刑事谅解书的出具对被告人的量刑具有较重要的影响，因此，在刑事和解中赔偿通常会高于参考标准。三方面综合考虑，才定下这个赔偿标准。能够最终促成双方达成一致意

① 2017年4月25日，高要村村委会，村民访谈资料。

见，体现了高要村调解委员会处理纠纷的能力。赔偿协议达成后，被告人的3个兄弟每人借给被告人4万元，保险公司赔偿了1万元，被告人自己凑了些钱，很快就付清了赔偿款。最终，被告人汪某启被判处有期徒刑9个月，缓刑一年。现在，被告人就在本村进行社区矫正，每个月都要回村里签字盖章。

再次，传统习俗影响赔偿协议的达成。赔偿协议中约定"死者安葬前乙方需每天付给甲方生活费叁仟元整（此费用不包含在赔偿款叁拾叁万元内）"，这与当地的传统风俗习惯有一定关系。很多地区都有各自的节日禁忌，如当地就认为大年初五之前是不能办丧事的。实际上，很多地方都有类似禁忌。由于事故发生在大年初一，至少要等到初五之后，死者家属才能开始办理丧事。因此，在这段时间内，要求被告人赔偿特殊生活费。这一要求虽然没有明确的法律规定作为依据，但却符合情理。

最后，传统习俗也会影响到大家对案件的认识。"十户一体"公约中就有"配合做好各类机动车辆的登记、建档及管理工作，强化对营运车辆、摩托车等的监督管理"的内容。根据调查对象介绍：一般来讲，大家大年初一都不出村，基本上都在村内活动，很少有人开车，以走路为主。因为大年初一村民在本村内相互串门拜年的比较多。自然，道路上的人员情况会更复杂一些。减少开车，确实是一个很好的建议。初一那天早晨，村里还喊了广播，要求大家尽量不要开车。因此，很多村民认为汪某启（被告人）"不记日子"。

（二）人身损害赔偿纠纷

1．纠纷概要：2014 年 7 月 16 日晚上，高要村村民汪某良、刘某生因邻里琐事发生口角，双方互不相让，汪某良的儿子汪某江甚至动手打了刘某生，致其受伤住院。刘某生的儿子得知父亲受伤后连夜从福州赶回来，气势汹汹地纠集宗亲二十几号人欲行报复，矛盾一触即发。

村委会得知这一情况后，一面向镇分管领导报告，一面与镇司法所干部取得联系。为制止群体事件的发生，村调解员立即赶到现场，大声呼吁大家冷静下来，及时地稳住受伤家庭成员的情绪，暂时遏制了事态的恶化。但是由于刘某生已经受伤住院，没有得到合理的说法，受伤家庭成员心中的怒火仍是难以平息，几度出现情绪激动扬言要报复的场景，调解员们在旁边不断进行安抚劝导。经过两个多小时的耐心调解，受伤者家属的情绪才慢慢平复下来。

同月 21 日，刘某生受伤住院已经多日，汪某良父子却仍然没有作出任何解释，刘某生的儿子再次纠集宗亲，一场群体性的斗殴眼看就要发生。高要村村干部得知这一情况，立即通知镇政府领导和镇司法所干部迅速赶往现场控制局面。这时，刘某生亲属提出要进行法医鉴定。一旦公安机关介入，两家人势必剑拔弩张。考虑到这点，调解员匆忙赶到医院对刘某生进行安抚，希望能够大事化小事，宽容对待邻里乡亲。接着，又马不停蹄地赶往汪某良家中进行调解，对汪某良父子进行了长达几个小时的情理教育，劝导其换位思考，互让互谅，珍惜邻里情。俗话说得好：百万买房，千万买邻。比邻而居的两户人家，在生活中本应该互相照顾、互相体谅，以和为贵。

调解人员一整天都在医院、双方家里来回奔波。调解员们辛苦的奔波和耐心的劝导，令双方家属心里都十分感动，也希望这次的矛盾能够尽快圆满化解。最终，调解员耐心细致的劝导感化了汪某良父子，让其认识到错误，同意赔偿受害人 5 万元。在调解人员的陪同下，汪某良父子连夜到医院向伤者进行道歉并慰问。此时已是凌晨 1 点钟。躺在病床上的刘某生可能感受到了汪某良父子的诚意，接受了他们的道歉，同时也认识到自己的错误，保证今后不再向有关机关提起控告。刘某生与汪某良父子终于握手言和、重归于好，两家人的邻里情得以延续。①

2．案例解读

首先，本案存在冲动之下武力报复的可能。邻里纠纷往往是村干部最难调处的纠纷。刘某生与汪某良因为邻里关系问题发生争执，结果晚辈贸然介入导致矛盾升级。刘某生的儿子从外地赶回来、集结宗亲等行动，都说明他有比较强烈的自力救济的意愿。如果没有外力介入，汪某良父子又不能作出符合他心意的赔偿，存在发生武力报复的可能性。尤其在传统苗族村寨中，民风淳朴的对立面就是民风彪悍。有些宗亲就是武力报复的强大后盾。在事情发生 5 天后，亦即 7 月 21 日，双方当事人之间没有任何直接的交流。汪某良父子既没有向刘某生道

① 2017 年 5 月 3 日，高要村村委会，田野调查资料。

歉，又没有任何赔偿的意思，导致关系可能破裂。

其次，法律作为促进加害人谈判的因素。在汪某良父子迟迟没有表示的情况下，刘某生的亲属提出要进行法医鉴定。根据鉴定结果，如果属于轻微伤，刘某生可以提起刑事自诉。如果属于轻伤以上，那么就会转变为公诉案件。不管是自诉案件，还是公诉案件，只要进入正式的司法途径，基本上也就意味着双方当事人关系的正式破裂。虽然在轻微伤自诉案件，以及邻里关系而引起的轻伤案件中，仍然有可能组织调解，但在村民们的认识里，它的性质是不同的。因此，如果情况不是非常紧急的话，很多农村中的人都愿意把纠纷暂时放一放，甚至一放就是好几年，不愿向法院起诉。有关这一点，在前面的纠纷中也有体现。

在刘某生亲属提出要进行法医鉴定后，汪某良父子的态度马上发生了转变。在经过村调解员和镇司法所工作人员劝解后，汪某良父子终于到医院向刘某生表示道歉并慰问。这就在一定程度上修复了刘某生受损的面子。最后的赔偿则弥补了他的物质损失，也让他同意不再提出控告。

最后，调解促成关系修复。材料中也说邻里应当互帮互助、互让互谅。一方面，“调解员语重心长的劝导感化了汪某良父子，让其认识到错误”；另一方面，躺在病床上的刘某生“同时也认识到自己的错误”。这就达到了较好的关系修复的目标。

在初民社会，家庭是一个较好的风险承担共同体。家庭中的所有成员是一个整体，一荣俱荣、一损俱损。这也是初民社会中的人总是竭力生育子女以增加自己家庭成员的一个重要原因。[①] 然而，在初民社会中，单个家庭仍然不足以抵抗自然界的危险。因此，扩大亲属群体就是增加风险承担者的数量。多了承担者，风险的危害性将大大降低。与邻居形成互助共同体以适当降低自身的风险也是一种常见的风险分摊机制，我们常说的“远亲不如近邻”就是这个道理。因为邻居有着地理上的相邻关系，相互照应的成本较低。但是，如果双方当事人处理不善，也可能造成难以消除的隔阂，小麻烦也可能带来大影响。

笔者在其他地方调研的时候，就曾遇到这样的案例：甲与乙是邻居，乙家修房子的时候占了甲家的一点地。甲方坚决不同意乙方占用他家的地，要求恢复原状。村调解委员会调解不成功，最后经法院判决甲方胜诉。甲方虽然胜诉了，但麻烦并未消失。甲方的两个儿子都在外地有正式工作，很少回家；只有两个老人住在家里。乙方家里养了两条狗，于是他们经常在夜里把狗弄得汗汪叫。甲方两个老人在家里就睡不好，他们觉得乙方是故意的，但又没有证据来证明。这种情况下，村调解委员会也不好介入。因此，甲方的两位老人觉得非常痛苦。但农村里，常见的就是“寸土不让”。一旦发生占用土地的事，往往都闹得不可开交。如果从调解的角度来看，乙方以前家里人口少，宅基地面积小；甲方以前家里人口多，但现在人口

① ［美］理查德·A. 波斯纳：《正义/司法的经济学》，苏力译，中国政法大学出版社2002年，第158－159页。

少，房屋周围实际已经不需要那么宽的地方。如果甲方让乙方一点地，乙方给（甲方）一点补偿，以后和谐相处还能够帮忙照顾一下老人。但经过司法程序之后，两家关系就很僵了。两个纠纷对照起来看的话，更能说明调解是解决邻里纠纷的有效选择。

高要村的调解工作给人的总体印象是：该村调解委员会、村委会具有较强的纠纷解决能力。据镇司法所的工作人员介绍，调解纠纷要情、理、法并用，有时候并不是完全依据法律规定来调解，需要根据双方当事人的具体情况灵活调整策略。有趣的是，该工作人员并不是学法律的，而是学会计专业的。他最开始在乡镇府工作，2013 年到县司法局上班；2015 年曾驻村扶贫，担任一个村的第一书记；2016 年回到司法局，被派到龙泉镇司法所。他所说的，完全是他的工作经历教给他的。他认为：村规民约的积极作用还是有的，有些纠纷也不一定是完全按村规民约处理的；但应该说村规民约没有什么负面作用。村规民约在解决村民个人之间的纠纷作用比较明显，但在解决村民小组之间、村民小组与村之间以及村民与村之间的纠纷时就运用得不太好，这些纠纷一般都需要由乡镇处理。[①]此时，霍姆斯所说的“法律的生命不在于逻辑，而在于经验”似乎又在新的场景中得到了一个有趣的解释。

① 2017 年 5 月 3 日，高要村村委会，龙泉镇司法所工作人员访谈资料。

第三节 新型纠纷的产生与村规民约转型

在王家村关于集体经济发展情况的总结和展良村的村干部访谈中，都表达出农村土地属于集体所有，土地征用补偿费不能全部归村民个人所有的意思。第四章第二节中也介绍了纠纷的基本情况，此处不再重复。本部分从两方面对该纠纷进行分析。

一、片面的法律认识是此类纠纷发生的重要原因

村民对农村土地承包经营权的片面理解与村集体的不当应对方式是该纠纷发生的重要原因。在村民的认识里，承包地就是自己家的地，土地征用补偿费当然应该归个人所有。这种认识，有两个主要原因：

第一，长期坚持承包地“增人不增地、减人不减地”模式，强化了村民的财产权利观念。在实行家庭联产承包责任制之初，全国各地“主要是按人口分田，也有部分地区按劳动力分田或按规定的劳动力与人口比例分田的，但在数量上具有次要地位”①。因此，家庭联产承包责任制确立后，全国各地农村一直面临土地调整的压力。20 世纪 90 年代初，通过对 253 个村的数据进行分析，“自实行家庭联产承包制以来，有

① 何道峰：《村级农地制度的变革》，载国务院发展研究中心中国农地制度课题组：《中国农村土地制度的变革——中国农村土地制度国际研讨会论文集》，北京：北京大学出版社 1993 年版，第 34 页。

65．2%的村对承包地进行过调整”[①]。

为了减少土地调整过于频繁及由此滋生的种种问题，各地都在积极探索。贵州省遵义市湄潭县于1987年开始“增人不增地、减人不减地”试验。1993年，中共中央、国务院发布的《关于当前农业和农村经济发展的若干政策措施》正式提出“增人不增地、减人不减地”原则。[②] 1994年12月，农业部（已撤销，现为农业农村部）发布了《关于进一步稳定和完善农村土地承包关系的通知》。1997年8月，中共中央办公厅、国务院办公厅转发了该“文件”。[③] 2002年通过的《农村

① 何道峰：《村级农地制度的变革》，载国务院发展研究中心中国农地制度课题组：《中国农村土地制度的变革——中国农村土地制度国际研讨会论文集》，北京：北京大学出版社1993年版，第38页。

② 文件指出：为了稳定土地承包关系，鼓励农民增加投入，提高土地的生产率，在原定的耕地承包期到期之后，再延长三十年不变。开垦荒地、营造林地、治沙改土等从事开发性生产的，承包期可以更长。为避免承包耕地的频繁变动，防止耕地经营规模不断被细分，提倡在承包期内实行“增人不增地、减人不减地”的办法。在坚持土地集体所有和不改变土地用途的前提下，经发包方同意，允许土地的使用权依法有偿转让。

③ 文件指出：“土地承包期再延长30年，是在第一轮土地承包的基础上进行的。开展延长土地承包期工作，要使绝大多数农户原有的承包土地继续保持稳定。不能将原来的承包地打乱重新发包，更不能随意打破原生产队土地所有权的界限，在全村范围内平均承包。已经做了延长土地承包期工作的地方，承包期限不足30年的，要延长到30年。”不仅如此，“通知”同时指出：“承包土地‘大稳定、小调整’的前提是稳定。‘大稳定、小调整’是指坚持上述第二条原则的前提下，根据实际需要，在个别农户之间小范围适当调整。做好‘小调整’工作还应坚持以下几条原则：一是‘小调整’只限于人地矛盾突出的个别农户，不能对所有农户进行普遍调整；二是不得利用‘小调整’提高承包费，增加农民负担；三是‘小调整’的方案要经村民大会或村民代表大会三分之二以上成员同意，并报乡（镇）人民政府和县（市、区）人民政府主管部门审批；四是绝不能用行政命令的办法硬性规定在全村范围内几年重新调整一次承包地。”

土地承包法》（已于2009年、2018年两次修正）第28条进一步规定："承包期内，发包方不得调整承包地。承包期内，因自然灾害严重毁损承包地等特殊情形对个别农户之间承包的耕地和草地需要适当调整的，必须经本集体经济组织成员的村民会议三分之二以上成员或者三分之二以上村民代表的同意，并报乡（镇）人民政府和县级人民政府农业等行政主管部门批准。承包合同中约定不得调整的，按照其约定。"这就是说，"增人不增地、减人不减地"开始正式成为法律规定的调整承包地的基本原则。

承包地的长期固定有利于生产经营的稳定，与此同时，也强化了村民的财产权利观念。随着社会主义市场经济的发展，土地价值明显上升，这种观念愈发强烈。在展良村进行调查的时候，笔者专门提出了这个问题，综合村民的回答，主要信息有以下四点：一是村民基本上认为承包到户的土地就是私有的，这种观念已经深入人心。二是村民都在争土地。三是不能提土地调整，一提调整会争得更厉害、麻烦更多。四是土地征用补偿费通常是谁征谁得。[①] 展良村目前人均耕地不到0.8亩；山地每户在6亩左右，没有按人头进行分配，现在本村也没有计划分配，其他村都已经分完了。

第二，新型的土地征用补偿费分配方案改变了原来的分配模式，对纠纷的产生有重要影响。如上所述，以前的分配模式都是谁征谁得。对于这种方案，村干部普遍持有不同看法。根

① 2017年5月7日，展良村村委会，贵州银行驻村扶贫干部访谈资料。

据最高人民法院2005年公布的《关于审理涉及农村土地承包纠纷案件适用法律问题的解释》第24条之规定，土地征用补偿费分配方案是可以多样的。该条规定："农村集体经济组织或者村民委员会、村民小组，可以依照法律规定的民主议定程序，决定在本集体经济组织内部分配已经收到的土地补偿费。"虽然对于条文中所说的"民主议定程序"的含义有不同的看法，但该条显然已经明确土地征用补偿费的分配方式不是单一的谁征谁得。对于这种模式，村民不满意。因为它改变了之前的分配模式，村民更容易倾向于认为自己的利益受到了损害。

在其他地区调研的时候，土地征用补偿费的分配方案也是多元化的。笔者在湖南省娄底市城郊调研的时候就发现这样两种基本模式：一是征谁家的地，征用补偿费就归该农户所有。本集体经济组织内的其他社员不能分享该款项，土地征用后该被征地农户也不得要求本集体经济组织进行土地调整。二是土地征用补偿费中的40%左右由被征地农户占有，其余部分由本村民小组内的其他农户分享。此后，由本村民小组进行内部土地调整。在其他村民被征地的时候，他也有分享土地征用补偿费的资格。各村土地征用补偿费分配方案之间的差异主要取决于该村民集体内领导者与被征地农户之间的实力对比，而其背后的重要原因则是集体土地所有制本身留下的一些模糊之处。

这就是说，村集体提取部分土地征用补偿费有一定法律依据。当然，如果程序上存在瑕疵，村民有权提出异议，甚至通过法律途径来维护自身权利。但问题恰恰就出在这里，村集体经济组织没有采取适当的应对措施。

二、以集体排斥方式作为约制手段

村集体经济组织在村民有异议的时候，不是去证明自身行为的合法性，而是以集体排斥方式作为约制手段，迫使当事人放弃自己的意见。实际上，以集体排斥方式作为约制手段并不只在此类纠纷出现过。在高要村进行调研的时候，村干部也表示，“村里的公共事务大家要积极参加，你不参加、不听指挥，那你家有事的时候大家就不帮忙”①。这种“不帮忙”实际上也有重大威慑作用，任何在农村有过一定生活经历的人都能知道其中的分量。类似的表述在土地征用补偿款分配纠纷中也有一定程度的体现。

以集体排斥方式作为约制手段，在相隔千里的地方也曾经出现过。2009 年，笔者在云南省西双版纳傣族自治州勐海县进行了为期半个月的社会调研，调研主题是“曼刚寨土地平整工作”。“土地平整”工作只是大家对这一工程的惯称，它的正式名称应该是“农业综合整治项目”。土地平整的含义就是将以前各家分散耕种的承包地、自耕地（仅指水田）全部回收，经平整后再按照现有人口平均分配，让每家的土地能连成片进行种植。在项目刚开始的时候，也有村民不同意平整后重新分配，其中一户农民意见最为坚定（因为他家的好地比

① 2017 年 4 月 25 日，高要村村委会，县信访局驻村扶贫干部访谈资料。

较多）。他以《农村土地承包法》的规定为依据，反对土地平整。对于这一情况，村支书首先在村干部和老人等民间权威人士中寻求支持。村支书组织召开会议，商议如何处理该事。有了一致结果，大家签字画押之后，支书亲自到该村民家中向该村民说明了该项决定的主要内容：1. 你可以继续保留原有的18 亩土地；2. 我们也保留你的户口（该人是汉族，入赘上门到这里的）；3. 本村以后再也不向此人收取任何费用；4. 此人去世后本寨人不去帮忙，本寨有人去世也不要他帮忙；5. 此人若在外面遇见什么麻烦，也不能找村委会。这 5 条的意思总的来说就是把此人孤立起来。这些条件一提，该村民马上同意交出土地，由村委会统一平整，同时提出条件：希望村委会考虑到他家人多的实际情况，能在应分数额的田亩外，再多分一亩鱼塘。支书也立马答应了。在该村民同意交出土地进行平整之后，村寨中再也没有哪位村民不同意了。[①] 其中第 4 条意见，也是“不帮忙”。因为按照当地习俗，任何一家有人去世，其他农户每家都应派出一位男子参与其葬礼。这是村寨中一项重要的集体活动，若是不参与，就要被罚款。这几项决定比罚款更严厉，明显是要孤立该村民。从曼恩村的实际情况来看，这可以说是村里所能作出的最严厉的处罚。在该案例中，支书正是首先获得村干部和民间权威的支持，才能采取有效措施排除反对意见，使土地平整工作在整村推行。他们在做群众

① 游志能：《民族习惯法的经济分析》，北京：中央民族大学出版社 2011 年版，第 221 页。

工作的时候，主要发挥了传统习俗的约制作用。“如果你不同意，我们就将你排除在传统习俗之外”。实际上，这是某种形式的传统文化意义上的“放逐”。这种做法并不违反国家法的规定，但却有着强大的制约力。当我听到高要村村干部的讲述时，我立马联想到在曼刚寨调研时候的情形。相隔千里，但村干部的思维方式是如此相似，这在一定程度上说明村干部的群体智慧有某种程度的相似性。

由此可见，农民至今仍然是生活在一个“集体”当中的。在农村土地集体所有制背景下，我们要重点关注的问题是农户（家庭）在这种集体所有制中的独立性的增强。不管是家庭联产承包责任制本身的确立，还是当前正在推进的土地承包经营权确权登记和“三权分置”的探索，一定意义上都是在探索如何增强农户（家庭）的自主权。但目前正在推行的“十户一体”公约，实际上进一步将农民更紧密地镶嵌到结构之网中。通过将个人的服从性与各种公共资源的享用、公共福利的享受挂钩，农户（家庭）对集体组织更加缺乏制约能力。在村民努力寻求法律支持的时候，也仍然面临重重困难。这也在一定程度上说明，要实现法治农村，让法律全面走入农村，仍然有很长的路要走。

本章小结

在大力推行“十户一体”公约的环境下，当地村级调解组织和村委会的人员更加齐备，相关制度更加健全，可以调动综合运用的资源和手段更加丰富。这些都是当地村调解委员会、村委会调处纠纷能力大幅提升的根本原因。诚如学者倡导的，相对于传统诉讼而言，当代调解就是要树立新理念、新思维。[①] 实际上，传统调解在一定程度上已经包含了这些要素。只是这些传统中的优质要素在诉讼救济大行其道的时候被漠视、隐藏了。现在，在调解技巧与现代法律制度相结合之后，很多已经褪色的优质要素重新显现、发光了。

让人担心的是，村规民约中一再强调的“小事不出村，大事不出镇”可能会形成对公民正当权利的挤压。村民之间有了纠纷矛盾，能够在村内、乡镇内解决是再好不过的事情，也是符合村民根本利益的。但如果过分强调“小事不出村，大事不出镇”则可能会动摇村民争取自身合法权益时的心态，并最终影响其决定。因为其需要时刻衡量该纠纷涉及的利益与可能面临的村级组织给予的压力之间的大小。此时，已经不是单纯的他与另一方当事人之间的利益争讼，而变成了其对自身所面临的两种损失之间的大小衡量。这非常不公平。

① 这种新理念、新思维包括从利益对抗体到利益共同体、从静态利益观到动态利益观、从切片式思维到综合性思维、从向后看思维到向前看思维。廖永安：《当代调解的新理念与新思维》，载《人民法院报》2017年6月16日，第2版。

第六章　村规民约转型中的罚则问题探析

社会控制理论强调通过多种纽带强化人们之间的相互联系，从而达到减少越轨行为的目标。为了强化社会纽带的作用，就需要一定的约制措施。约制措施可以是肯定性的（对遵从行为提供报酬），也可以是否定性的（对不遵从行为施加惩罚）。本章要探讨的问题就是“十户一体”公约中的罚则问题。

“十户一体”公约中的惩罚性条款众多。这主要体现在两个方面：一是惩罚性条款的数量较多，覆盖面广。在《王家村“五户联保”公约》总共 26 个条款中，有 17 个条款涉及惩罚性内容。从大的方面来看，在五个大的板块中，每个板块都有惩罚性条款。从小的方面来看，有的板块只有 1 ~ 2 个条款涉及惩罚性内容，如“联卫生，保环境”。有的板块中每个条款都涉及惩罚性内容，如“联治安，保稳定”。二是从惩罚性条款的内容来看，种类多样。惩罚性内容涉及及时整改、违约金、义务宣传、义务排查危险品、义务管护公路等。各罚则条款的具体内容，可以参看第一章中所引的丹寨县《王家村“五户联保”公约》全文。

长期以来，罚则条款一直是村规民约中的重要组成部分，但这些罚则条款也引起了学界的关注和争议。已有的争议主要集中在村规民约到底能不能设置罚则条款上。在梳理相关争议的基础上，本书将进一步探讨如下两个问题：第一，如果村规民约可以设置罚则，那么，它可以针对哪些事项设置罚则？第二，村规民约中的罚则体系应该如何设置？

第一节　村规民约中罚则条款的变迁

要对村规民约中的罚则进行整体思考，有必要对罚则条款在近些年的变迁情况进行适当梳理。通过这种梳理对罚则条款的发展脉络形成基本认识，才能对上文提出的几个问题作出较为合理的回应。

一、传统村规民约中的罚则条款

20 世纪 90 年代至 21 世纪初，民族地区村规民约中的罚则条款还往往带有一些传统的民族习惯法的影响。我们先一起来看看一些村规民约的具体规定：

苗族侗族习惯法中的“罚三个一百”[①] 在黔东南州锦屏县三江镇潘寨20世纪90年代制定的村规民约中就仍然有体现。该村的旧版村规民约规定：“引起火灾事故的，罚大米120斤、米酒120斤、肉120斤，后果严重的，送交司法部门处理。”[②]菜园村的村规民约中规定：“盗伐林木十株以上的，扭送司法机关依法处理。在此以下的，每盗伐一株，罚款100元，每滥伐一株，罚款50元。盗伐滥伐的木材一律予以没收。发现他人盗伐滥伐森林不报告并私自扛回家据为己有的，按照盗伐森林处罚。”[③]

阳芳村2005年制定的村规民约中规定：“村民之间要团结互助、和睦相处、互相尊重、冷静协商解决各种纠纷和误解，严禁酒后闹事，凡因各种原因发生打架、吵架的责令双方各拿出120斤米、120斤肉、120斤酒，请全村聚餐，以示谢罪。”“严禁顺手牵羊和一切故意偷盗行为，对偷盗和损害各种财物、林木、农作物家畜、家禽（鸡、鸭、鱼、鹅、猪、狗、猫、牛、羊等）除按价值追究赔偿，或退回原物外，处以责任方120斤米、120斤肉、120斤酒，请全村聚餐，以示谢罪。

① 指对违反习惯法规范的人，处以其拿出大米100斤、酒100斤、肉100斤，来供全村寨人一起聚餐一顿（在有的村寨也称“罚三个一百二”，即罚大米120斤、米酒120斤、肉120斤）。徐晓光：《锦屏乡土社会的法与民间纠纷解决》，北京：民族出版社2012年版，第81页。

② 徐晓光：《锦屏乡土社会的法与民间纠纷解决》，北京：民族出版社2012年版，第82页。

③ 徐晓光：《锦屏乡土社会的法与民间纠纷解决》，北京：民族出版社2012年版，第83页。

另罚款 50 元交村委，作举报基金。”① 该村规民约中，类似的“罚三个一百二”的条文还很多。有学者认为，有些村规民约中规定的“罚款”实际上是“惩罚性赔偿”。② 应该说，惩罚性赔偿的情况也有，但属于少数。村民对于个人的赔偿和罚款还是有较为清晰的认知的。如果仅仅以部分“罚款”实为“惩罚性赔偿”为由，而不再对村规民约中的罚则条款作进一步的分析，就有点一叶障目了。

在一些村规民约中，还有罚“三个六”的。如《拉庄屯村规民约》中规定：“犯以上条例，除处罚外，另加三个六处罚：60 斤肉；60 斤酒；60 元钱。”③ 此外，还有“罚三个三百六”的。如凉伞村 1995 年制定的村规民约规定：“凡是偷牛、猪、羊、肉、鸡、鸭、鹅、鱼，瓜果、辣椒、茄子、包（苞）谷等类东西，罚款：肉 360 斤，酒 360 斤，大米 360 斤，偷稻草每笼罚款 2 元。”“全村寨边一公里以内的风景树各组管理的边区树子死后由本村处理，没有死的动用由村委会讨论批准认可砍伐，任何集体和个人不得乱砍，违砍得罚肉 360 斤，酒 360 斤，米 360 斤。”“凡是在民众中操纵是非，扰乱社会、破坏安定团结的，违者罚肉 360 斤，酒 360 斤，米 360 斤，严重的交上级主管部门追究刑事责任。”“按民族风俗：强奸妇女

---

① 孙韡：《黔东南苗族村寨村规民约研究》，成都：西南交通大学出版社 2014 年版，第 262 页。

② 崔智友：《中国村民自治的法学思考》，载《中国社会科学》2001 年第 3 期，第 139 页。

③ 谭万霞：《村规民约：国家法与民族习惯法调适的路径选择——以融水苗族村规民约对财产权的规定为视角》，载《法学杂志》2013 年第 2 期，第 84 页。

的、调拨婚姻的有了场地不得超于所规定的地方，晚上不得超过12点，违者罚肉360斤，酒360斤，米360斤。”“在全村的范围内，老路新路、老沟新沟，不得破坏、开岩、开荒，违者罚肉360斤，酒360斤，米360斤。”① 这些规定都带有浓厚的传统习惯法的色彩，但这些内容在新的村规民约中都进行了修订。2002年新修订的《凉伞村村规民约》中规定：“严禁偷盗，如猪、牛、羊、鸡、鸭、鹅、鱼、瓜等菜类的，视其情节罚款10～2000元，发现用电机打鱼的，没收其工具。”② 前引其他条文都已经被删除。

更多的村规民约直接采取罚款的方式。如1987年制定的《金秀镇村规民约》规定“凡有下列偷盗行为，尚不够追究刑事责任的，除退清赃物、赃款外，处以1～5倍的罚款：1. 盗窃瓜、菜、果类以及其他经济作物的；2. 盗窃家畜、家禽的；3. 盗窃家具、衣物、日用品及其他财物的；4. 盗窃交通运输工具、农机用具及生产用具的；5. 盗窃水车、单车、录像机、电视机、收录机、收音机、电风扇等其他家用电器设备的；6. 盗窃或乱砍滥伐（包括阉死）国家、集体、个人杉、松、杂树和竹子的；7. 盗窃、骗取、抢夺、侵占少量公私财物的；哄抢国家、集体、个人财物的；8. 敲诈勒索，故意损坏公私财物的”。该条文中，除列举了很多的具体盗窃物品种类外，

---

① 孙韡：《黔东南苗族村寨村规民约研究》，成都：西南交通大学出版社2014年版，第242页。

② 孙韡：《黔东南苗族村寨村规民约研究》，成都：西南交通大学出版社2014年版，第246页。

最值得肯定的是对“尚不够追究刑事责任的”盗窃行为进行处罚。在当时，当然有劳动教养制度可以对这些情况进行处罚，但村规民约对这些事项进行规定仍然值得肯定。该村规民约中还规定：“凡有下列侵犯公民人身权利，破坏公共场所秩序行为之一，尚不够追究刑事责任的，除一次性给予受害者赔偿损失及医药费外，罚款30～200元：1. 结伙斗殴、寻衅滋事的；2. 殴打辱骂他人，猥言亵语，调戏妇女的；3. 故意污秽他人身体、衣物的。”① 这些规定都很好地体现了村规民约与法律的作用互补功能，尤其是在劳动教养制度废除之后，更增强了其现实意义。又如2002年制定的《铜鼓村村规民约》规定：“偷柴盗草者，违者罚款50～100元。”“偷鸡、鸭、鹅、鱼等，罚款500～1000元。”“偷牛盗马者，按数折价加倍罚款1000～5000元。”②

二、近期村规民约中的罚则条款

大约自2010年后，随着村民、村委会和地方基层政府法治意识的不断增强，村规民约的表述发生了一些较为明显的变化。对于这些变化，在此以《王家村“五户联保”公约》中的部分条款为例进行说明。

第一，财产罚的表述有明显改变。由于“罚款”一词引

① 莫金山：《金秀瑶族村规民约》，北京：民族出版社2012年版，第115页。

② 孙韡：《黔东南苗族村寨村规民约研究》，成都：西南交通大学出版社2014年版，第246页。

发了诸多争议，很多地方开始在村规民约中采用“违约金”一词。这个变化过程是不知不觉间慢慢发生的，以至于很难去考证究竟是哪个地方最先开始在村规民约使用“违约金”一词。如《王家村“五户联保”公约》中的“联卫生，保环境”部分第6条规定：“以上规定每个村民应自觉遵守，如有违反者，并在公示牌内每次给予公示，挂‘卫生脏乱差’黄牌警告，并责令整改，情节严重的，每次给予处罚（交纳）50～200元的违约责任金。”该公约“联治安，保稳定”部分第7条规定：“不参与赌博，不组织赌博，不提供赌博场所，发现赌博要及时制止或举报。违反者，移交公安机关处理或惩戒外，交纳违约金50～200元。”

第二，申诫罚表述更明确。在行政处罚中，申诫罚是“行政机关向违法者发出警诫，申诫其有违法行为，通过对其名誉、荣誉、信誉等施加影响，引起其精神上的警惕，使其不再违法的处罚形式”①。如上段引述村规民约条文中的“黄牌警告”。

第三，人身罚措施更多样。《王家村“五户联保”公约》中涉及的人身罚包括“义务宣传”“义务看守”“义务管护”“义务排查”等。如该公约“联治安，保稳定”部分第2条规定：“严禁非法制造、买卖、携带管制刀具、火枪；严禁收藏雷管、炸药、枪支弹药等爆炸物品和其他危险物品。违反者，责令其向公安机关投案，交出危险品，并义务在村内范围排查

① 姜明安：《行政法》，北京：北京大学出版社2017年版，第349页。

危险品6~12个月，并交违约责任金50~200元。”

第四，增加了少量的行为罚。在行政处罚中，行为罚是“限制或剥夺违法相对人某种行为能力或资格的处罚”[①]。《王家村“五户联保”公约》中的“联产业，保富裕”部分第2条规定：“结合实际，积极主动发展产业，严禁好吃懒做不做行为，违者，不得或暂缓享受国家各种救助或优惠政策”。第3条规定：“充分利用资源，主动并积极实施国家‘精准扶贫’项目，违者，不得或暂缓安排扶贫项目。”此外，作为整体适用的责任条款，该公约“违约说明”部分第2条规定：“对联户小组在遵守国家政策及服务农村的各项工作进行年终评比，评比结果与各项惠民政策及帮扶项目、物质的分配挂钩，在产业发展、金融信贷和各项惠民政策上优先给予考虑。”

除了上述罚则之外，还有一些其他的隐性罚则在事实发挥着重要作用，如村集体在极端情况下使用的“不帮忙”策略（在第五章中已详述），再比如将拖延办理相关手续作为约制手段。在对白元村村干部访谈的过程中，有村干部就讲道：“我们也跟村民讲，这些政策你不配合，那你下次来找村委会办事盖章的时候，我也拖着呢。”[②] 个别村规民约则直接将这部分内容写入了村规民约，如2014年制定的《展良村村规民约》规定：“凡不支持本村公益事业建设和妨碍《村规民约》执行的人，当年或次年将取消一切惠农政策，不签字，不盖

① 姜明安：《行政法》，北京：北京大学出版社2017年版，第349页。

② 2017年4月24日，白元村村委会，村干部访谈资料。

章。”[①]在访谈中，村干部表示实际上并没有这么做过，但这是最后的有效手段。这种“看不见的规则”对生活在农村中的人而言往往是非常奏效的。通过上述内容可知：罚则条款在村规民约中大量存在；村规民约中罚则条款的表述经历了一个明显的变化过程；村规民约中的罚则种类也越来越多样化。

第二节 村规民约中罚则条款的合理性论证

村规民约中的罚则条款该如何定性引发了一些争议。有学者认为：“村规民约设定的处罚，原则上没有法律约束力，更不能据此对村民实施强制执行。当事人拒不接受处罚，法院不能根据村民自治组织的起诉做出处罚判决，哪怕这个村规民约是村民依法定程序制定的。”[②] 正是由于目前法学界对村规民约中罚则条款性质的认识差异较大，导致不同司法机关在面对相关纠纷的时候表现出截然不同的态度。例如在广西金秀瑶族自治县就曾发生过一起因根据村规民约对违反者进行罚款导致被罚者不满进而提起诉讼的案例。基层人民法院以纠纷不属于法院受理案件的范围裁定驳回起诉；中级人民法院认为村民组织没有行政执法权，裁定撤销基层人民法院的裁定并指令其进

① 2017 年 4 月 30 日，展良村村委会，田野调查资料。

② 沈岿：《谁还在行使权力：准政府组织个案研究》，北京：清华大学出版社 2003 年版，第 198 页。

行审理。[①] 显然，该中级人民法院的观点是从《行政处罚法》第 11 ~15 条的规定出发，除法律、法规、规章外，其他规范性文件不得设置行政处罚。长期以来，该种意见具有广泛影响。但近些年来，有学者尝试从不同角度对该问题进行解释，就村规民约中罚则条款的合理性提出了新的看法。

一、已有的罚则条款合理性论证

有学者认为，从理论上说："自治规范的实施主要是由自治体的成员和自治机关自我实施，并且是以说服教育为主的方式予以实施。"[②] 毫无疑问，说服教育不仅应该是，而且实际上也是村规民约实践中的重要方式。但如果说要以说服教育为主，恐怕就有困难了。有观点认为："村民自治的存在能填补政府管理力量的不足，村规民约的内容能织补法网稀疏的部分。""对违规者来说，在一个生产生活彼此依赖的熟人社区颠覆公认的道德标准会有相当严重的后果。如果再拒绝接受处罚，无疑会受到更巨大的社会舆论压力。"因此，"村规民约效力的发挥除了依靠村民的自觉遵守，很大程度上还得利用惩戒性条款的预测、警示和教育作用"[③]。事实上，在很多村规民约中，罚则条款贯穿于村规民约全文。对于村规民约中大量

① 高其才：《习惯法的当代传承与弘扬——来自广西金秀的田野考察报告》，北京：中国人民大学出版社 2015 年版，第 381 -414 页。

② 崔智友：《中国村民自治的法学思考》，载《中国社会科学》2001 年第 3 期，第 138 页。

③ 孙韡：《试析村规民约设置惩罚条款的合法性》，载《贵州民族大学学报（哲学社会科学版）》2012 年第 5 期，第 74 页。

存在的罚则条款需要对其合理性进行多角度的论证。从已有研究成果来看，目前学界主要有如下三种观点可以为村规民约中罚则条款的合理性提供理论支持。

第一种观点认为，可以从公共事务的属性方面，对村规民约享有一定处罚权进行论证。有学者认为：宏观层面，民主政治与强制之间具有内在逻辑关系；中观层面，村民自治具有权力属性，可能在国家权力和行政处罚之外存在一定的处罚权；微观层面，处罚权力的享有并不等于其行使不受国家法律约束。其核心观点在于民主政治中必然包含一定的强制性因素，村民自治权应当是一种“公共权力”，具有对他人的强制性影响能力。① 这一观点试图从“民主”的内在要求出发论证强制性是集体存在、运行的必然要求，确实是一个很好的尝试。如果认同这一观点，就需要进一步回答如下问题，即这种强制力在哪些事项上、在何种程度上可以发挥作用?

第二种观点认为可以从“自治”“契约”角度进行论证。有学者认为，村规民约中的罚则并不属于行政处罚，因为村委会不是行政机关，也不属于基于授权或委托而成为实施行政处罚的行政主体。“自治的本意就是特定的主体自己处理自己的事情，自己处分自己的权利，这自然包括了选择适当的、必要的惩罚措施作为保障社会规范得以遵从的手段!”“只要不是法律禁止的，源于村民民主权利的村规民约制定惩罚性内容便

---

① 徐宗立:《论村规民约规定与实施处罚的法理正当性》，载《法治研究》2010 年第 11 期，第 51 页。

具有理所当然的合法性。”“村规民约中的惩戒性条款是村民对自身权利的让渡，村委会行使罚款权则可以视作村民的一种授权，村规民约是社区范围内人与人之间达成的‘契约’。”因此，“村规民约是一种软性的‘法律’，通过成员间的民主协商达成，不依靠国家强制力，但可以通过村委会行使自治中的公共权力，采取适当的惩罚措施以保障其实施”①。

该观点试图从“契约”的角度对罚则条款的性质进行界定，确实是一个很好的尝试，但存在这样三个问题：第一，其所说的“契约”，到底是“社会契约”，还是“民事合同”？从其表述（权利让渡）来看，应该是前者。但真的是基于村民的自我权利让渡，才形成村民委员会的公共权力吗？村民自治权是基于《宪法》《村民委员会组织法》的授权而形成的，而不是村民的直接授权形成的。从目前的实际运行情况来看，村委会的运行也更多地依靠基层政府组织，而不是村民个人。第二，其所说的“自治中的公共权力”范围该如何界定？相关的内容仍然要到《村民委员会组织法》中去寻找法律依据。况且，惩罚措施是否包含在这种“自治中的公共权力”内仍有待于进一步分析。第三，没有进一步回答什么是“适当的惩罚措施”。比如说“罚款”是否属于适当的惩罚措施。这些问题都有待进一步回答。

第三种观点认为可以从习惯权利的角度来理解村规民约。

---

① 孙韡：《试析村规民约设置惩罚条款的合法性》，载《贵州民族大学学报（哲学社会科学版）》2012年第5期，第77页。

有学者认为：“习惯权利是人们在社会生活中自发地、历史地形成的。”它“得到社会权力的支持和维护，包括社会道德舆论、商业守则、社会组织纪律（族权、行会权力和社会组织章程如行规、厂纪、校规、乡规民约、宗教戒律等）的维护”①。有学者认为：“习惯权利针对法（国家法）定权利而言，它是指一定社区内的社会主体根据包括社会习俗在内的民间规范而享有的自己为或不为；或者对抗（请求）他人为或不为一定行为的社会资格。”“只有在权利和义务相共存、权力与责任相共生的民间规范之体系整体中观察，了解习惯权利，我们才能进入习惯权利的根底，了解习惯权利的真谛。”②也就是说，习惯权利是人们在日常生活中经过重复博弈慢慢形成的权利义务分配体系。根据现代价值观念，尤其是现代法治观念，传统的习惯权利并不一定就是当然合理的。村规民约是习惯权利的重要载体和表现形式。如果要以习惯权利为村规民约中罚则条款的基本合理性提供论证，则要避免“诉诸传统”的谬误。随着社会结构的变化，当前各地普遍推广的村规民约与传统风俗习惯的距离也越来越远，带有明显的格式化色彩。

---

① 郭道晖：《习惯权利与宪政立法》，载《哈尔滨工业大学学报（社会科学版）》2012 年第 1 期，第 43 页。该文还指出：“习惯权利作为一种自发权利先于法定权利存在，后经国家立法程序确认与吸收而成为法定权利。习惯权利不只可以纳入民事立法，也可以成为宪法权利的前身。即使没有被纳入宪法和法律，一般也应受到法律保护或不予干预。”习惯权利可以进一步划分为合理的习惯权利与不合理的习惯权利。“前者是指合乎社会进步、人民公益和善良风俗，并不与现行法律和公认情理相抵触的权利；后者反之。”

② 谢晖：《民间规范与习惯权利》，载《现代法学》2005 年第 2 期，第 11 页。

因此，需要解决两个前置问题：当前村规民约中的哪些规定源自传统习惯。这些传统习惯在当前社会中是否仍然具有基本的合理性。

上述三种观点，前两种主要是从“公共权力”角度提出的论证，后一种是从“传统习惯”角度提出的论证。这些观点从不同角度论证罚则条款的必要性和合理性，确实为改变对村规民约中罚则条款的认识起到了一定的作用。但也存在一个共同的问题，那就是没有回答村规民约中的罚则条款可以在什么样的范围内以及在多大程度上发挥作用。

二、关于罚则条款合理性的补充论证

对于村规民约中罚则条款的合理性问题，本书拟从以下三个方面进行补充论证：

第一，村民委员会缺乏违规成员退出机制。有学者研究了美国的乡村自治制度，指出“在乡村层级之上的美国联邦和绝大部分的州，都没有关于乡村自治的专门法，它们奉行以不干预为原则，以干预为例外……极少数以州法律的形式规定村自治制度”，如美国纽约州的《纽约乡村法》。[①] “《纽约乡村法》所规范的对象主要为社团性村。依照该法的规定，社团性村主要是指依赖于土地和区域，由村民群体自愿组成的团体。它可以由横跨乡镇的相邻的人口聚集区或村组成一个法律

① 黄辉：《论美国乡村自治法律制度——以〈纽约乡村法〉为例》，载《当代法学》2009 年第 1 期，第 140 页。

意义上的社团，并且有一定的权力"①。一个隐含的规则，就是社团性村可以将不遵守社团章程的成员排除出社团。

与此不同的是，我国的行政村是依据地缘（以户籍为标准）而自然形成的村落。虽然我国《民法典》为村委会的法人化改造预留了制度空间，② 但该制度的目的是解决农村集体经济组织在民事活动中的主体地位问题，不涉及村委会本身的政治社会职能问题。即便制定相关法律法规，从已有的立法情况来看，也难以打破地缘因素这一基本特征。既然不能将违规者排除出村集体，为了村集体的有机共存，就必须有一定的内部惩戒权。在这种情况下，村民委员会在何种范围内享有惩罚权以及该如何行使惩罚权，仍然有待于进一步回答。

第二，罚则条款是村规民约有效实施的必要保障。不管村规民约在制定过程中在多大限度上受到官方的影响，当其成为一项村规民约的时候，就必然面临具体实施问题。任何规则（包括法律）的施行，都需要一定的保障机制。在人类历史早期，由于没有专门的习惯法执行机构，人们通常会通过较强的"舆论"压力迫使群体内成员服从习惯法。后来，慢慢发展到

---

① 社团性村的主要权力包括：1. 依社团需要，享有、管理、买卖、租赁财产；2. 接受赠与、遗赠，独立享有动产、不动产、证券凭证；3. 制作、使用统一的印章；4. 独立参加诉讼活动；5. 基于社团职能和法律所享有的各项权利。社团性村经政府特许，具有独立的法人地位和相关权利，能够对外发生各种法律关系，有利于最大限度地发挥村的公共服务功能。黄辉：《论美国乡村自治法律制度——以〈纽约乡村法〉为例》，载《当代法学》2009 年第 1 期，第 141 页。

② 《民法典》第 101 条第 1 款规定："居民委员会、村民委员会具有基层群众性自治组织法人资格的，可以从事为履行职能所需要的民事活动。"

由“权威人士”（如部落首领、族长、军事首领等）来负责习惯法的实施，并赋予其一定的强制手段。到了国家阶段，强制力则成为了国家实施法律的后盾，被称为“法律的牙齿”。虽然直到分析法学派出现才特别强调“命令”在国家法律构成中的决定性地位，但国家强制力对法律实施的保障作用则是人们早已明白的基本道理。实际上，在家庭中也一样，家长对小孩的教育管理中也存在一定的强制力。在现代法制体系中，虽然家庭强制力作用的范围越来越小，但始终是存在的。①

从这个角度而言，小到家庭教育，大到国家治理，都需要一定的强制力来保障秩序的实现。虽然有法学理论认为，法律的遵守应该更多地依靠人们的道德认可，但法律的强制力仍然是无可否认的。村规民约作为村民自治的重要形式，需要一定的强制力来保证实施，应该是确定无疑的。有学者指出：“村庄组织必须有足够的力量来支持它所要求的东西，这意味着，它必须能够提供上述权利声称中的基本内容，从而使得村民有所依赖，同时，它还需掌握惩罚手段，以帮助违规者认识他的处境——预见他继续违规的后果。”②

第三，罚则条款在一定程度上可以从个人权利处分角度得到进一步证成。村规民约中的罚款规则很多时候来源于村民的直接授权。国家在行政处罚的设定过程中，公民个人很难直接

① 参见苏力：《当眼里掉进了睫毛——从“南京虐童案”看法律干预家事纠纷》，载《现代法治研究》2016 年第 1 期，第 5 页。

② 张静：《乡规民约体现的村庄治权》，载《北大法律评论（第 2 卷第 1 辑）》，北京：法律出版社 1999 年版，第 15 页。

参与规则的制定。因此，要对国家的行政处罚权给予较为严格的限制，应该尽可能减少国家对公民财产的剥夺。不同的是，村民还是能通过一定的方式直接参与村规民约的制定，虽然现有的村民参与和直接有效参与之间还有一定距离。在承认村民直接参与的前提下，再进一步指向公民个人权利的自我处分问题。公民个人权利的自我处分不仅体现在对财产的自由处分上，还体现为刑法当中的被害人承诺理论。刑法学理论认为："符合一定条件的被害人承诺，可以排除损害被害人法益的行为的违法性。""被害人请求或者许可行为人侵害其法益，表明其放弃了该法益，放弃了对该法益的保护。既然如此，就没有必要予以保护；损害被放弃的法益的行为，就没有侵害法益，因而没有违法性。"[①] 采用当然解释方法，"举重以明轻"，既然被害人承诺可以阻却刑事犯罪违法性，那么民事行为中的财产处分行为当然在个人承诺的范围之内。这与上文所引的"权利让渡"理论的不同之处在于，个人权利让渡之后形成公共权力，那么，需要对这种新形成的公共权力的范围与行使方式进行进一步分析。而个人权利的自我处分行为在现有法律理论、法律制度框架中都已得到认可，可以产生直接的法律效力。当然，这并不是说村规民约中所规定的罚则内容都是合法的。相反，罚则本身仍然需要进行进一步规范。

① 张明楷：《刑法学（第5版）》上册，北京：法律出版社2016年版，第223页。

第三节　关于规范罚则条款适用范围的三点思考

上文已经就村规民约罚则条款的合理性问题进行了必要的分析。在承认村规民约罚则条款基本合理性的前提下，需要进一步研究罚则条款的适用范围和罚则内容的合理化问题。前者回答的是村规民约可以就哪些事项、根据什么原则来设置罚则条款，后者回答的是具体罚则如何设置才能更科学合理。本节的主要目标就是回答第一个问题。

一、厘定村务的基本范围

一般认为："村民自治的含义，就是自我管理、自我服务、自我教育。自治的方式就是民主选举、民主决策、民主管理、民主监督。"① 村民自治是村民进行村务管理的基本形式。为了规范管理，村民会议可以就村务管理中的基本问题制定相应的规章制度。《村民委员会组织法》第 27 条第 1 款规定："村民会议可以制定和修改村民自治章程、村规民约，并报乡、民族乡、镇的人民政府备案。"那么，村务的基本范围应该如何界定？对此，可以综合两方面的规定来界定：一是关于村民委员会的基本职责；二是关于村民大会的基本权利。

关于村民委员会基本职责的主要规定是《村民委员会组

① 本书编写组：《村民委员会组织法讲话》，北京：中国法制出版社 1999 年版，第 21 页。

织法》第8条、第9条。[①] 结合这两条的规定来看，村民委员会的职责相当广泛。包括集体财产管理、经济产业建设、文化教育发展、生态环境保护、计划生育宣传、法律政策宣传等。既然村民委员会有义务宣传宪法、法律、法规和国家的政策，而村规民约又是村民委员会组织实施村民自治的重要形式，因此，村规民约中才会出现大量与法律规定相重合的内容。

从理论上说，村民委员会可以就村组织范围内的事务进行广泛的管理。但该规定确实过于宏观，如何规定更具体一点？或者说，村务当中的重要事项主要有哪些？《村民委员会组织法》第24条规定了必须经由村民会议讨论决定的事项。[②] 该条采取了列举加兜底的说明方式，也就是说，该条规定的这些

---

① 《村民委员会组织法》第8条第1、2款规定："村民委员会应当支持和组织村民依法发展各种形式的合作经济和其他经济，承担本村生产的服务和协调工作，促进农村生产建设和经济发展。村民委员会依照法律规定，管理本村属于村农民集体所有的土地和其他财产，引导村民合理利用自然资源，保护和改善生态环境。"第9条第1款规定："村民委员会应当宣传宪法、法律、法规和国家的政策，教育和推动村民履行法律规定的义务、爱护公共财产，维护村民的合法权益，发展文化教育，普及科技知识，促进男女平等，做好计划生育工作，促进村与村之间的团结、互助，开展多种形式的社会主义精神文明建设活动。"

② 《村民委员会组织法》第24条规定："涉及村民利益的下列事项，经村民会议讨论决定方可办理：（一）本村享受误工补贴的人员及补贴标准；（二）从村集体经济所得收益的使用；（三）本村公益事业的兴办和筹资筹劳方案及建设承包方案；（四）土地承包经营方案；（五）村集体经济项目的立项、承包方案；（六）宅基地的使用方案；（七）征地补偿费的使用、分配方案；（八）以借贷、租赁或者其他方式处分村集体财产；（九）村民会议认为应当由村民会议讨论决定的涉及村民利益的其他事项。村民会议可以授权村民代表会议讨论决定前款规定的事项。法律对讨论决定村集体经济组织财产和成员权益的事项另有规定的，依照其规定。"

事项都属于村务当中的重要事项。那么，村民自治章程、村规民约应该主要是对这些重要事项的规范管理。

当然，这不是说村民自治章程、村规民约不能就其他事项作出规定。对其他事项的管理既要符合法律的基本规定，又要符合现代法治的基本精神。

二、适当补充法律漏洞

虽然上文中讲到了村规民约实际上在很大限度上起到了宣传普法的作用，但根据现代法治的基本原则之一——一事不二罚原则，对于法律已经作出明确规定的行为，村规民约不应再行处罚。反言之，村规民约应该在一定程度上弥补法律漏洞，而不是一味地重复处罚以加重违法者的责任。

在刑事违法事项方面，有一些规定可供参考。如前引1987年制定的《金秀镇村规民约》就是很好的例子，该村规民约规定“凡有下列偷盗行为，尚不够追究刑事责任的，除退清赃物、赃款外，处以1～5倍的罚款”。这一规则很好地体现了村规民约制定者在考虑如何弥补法律漏洞。其他地方的村规民约中也有类似规定，如1999年制定的《黎山坪村规民约》中规定：“翻墙进屋偷盗东西被抓到，原物退还给损失户，然后按情节轻重罚款伍佰至一千伍佰元，处理：30%给损失户，60%给处理人及揭发人。”①

① 孙韡：《黔东南苗族村寨村规民约研究》，成都：西南交通大学出版社2014年版，第239页。

在财产权益保护方面，也有一些很好的例子。以《黎山坪村规民约》中的部分规定为例，如“在80年以前山林中已有的田土，不管荒废与否，田土边应按1尺计算，如田：土。山林已承包到户以后，在山林中开荒的田土，必须经山林主人家允许，但田或土边不得享有1丈5尺”。再如“不能任意放牛、羊在人家的田边土角、如放牛、羊在人家的田边土角，草园内，每头牛、羊罚款20元，处理：20%给损失户，80%给处理人员”。如“谁任意进入人家的菜地打猪菜，一次罚款20元”。

在家庭关系的维护方面，也有一些实例。如黔东南州锦屏县钟灵乡《阳艾村村规民约》中规定：“孝敬老人，与老人同吃同住，照顾好老人日常生活；老人自己要求独住，子女应给予其日常生活所需粮食和衣物，并每月看望一次以上。”看到这个条款，让人想到《老年人权益保障法》实施后，有法院判决被告每个月回家探望一次父母的案例。

这些规则当中的很多都是法律不会也无法涉及的乡土生活中的小问题，但却是常见的邻里纠纷事由。这些规则的制定，为解决这些问题提供了直接的依据。相对于没有明确规则、每个当事人都要自行协商处理规则而言，这无疑具有进步性。当然，对于罚款金额以及罚款的分配方式是否合理可以进一步讨论。需要指出的是，这里所说的补充法律漏洞，不一定是说法律规定有严重缺陷，仅仅是指村规民约中的这些规定为法律没有提供具体操作指引的事项提供了一定的行为指引。正所谓“法网恢恢，疏而不漏”，法网实际上是不能太严密的。否则，要么是法律过于严苛，要么是无法实施。同样的道理，也适用于村规民约。

三、罚则设置的必要限制

前文已经就村务当中的主要事项范围进行了梳理，在此范围内的事项，村规民约可以进行规范。超出该范围的事项，村规民约在一定程度上也可以起到填补法律漏洞的作用。但现有村规民约中的一个突出问题是，处罚范围严重扩大。也就是说，部分事项可能以提倡性质的规范来提供指引可能更合适，但现有村规民约则总是倾向于制定惩罚性条款。对此，可以法学理论中的基本原则来进行分析。

根据一般的法律常识可知，公民的行为自由并不是绝对的，而应该受到一些限制。对公民行为自由的限制有四条基本原则，即伤害原则、父爱原则、冒犯原则和立法伦理主义原则。村规民约罚则条款中的问题，主要在于伤害原则与立法伦理主义原则之间的理念冲突。所谓伤害原则主张："只有当为了防止和控制一个人对他人造成利益损失时，限制一个人的自由才是必要的。"① 密尔指出："一个人的行为的任何部分一到有害地影响到他人的利益的时候，社会对他就有了裁判权……但是当一个人的行为并不影响自己以外的任何人的利益，或者说除非他们愿意就不需要影响到他们，那就根本没有蕴蓄任何

① 高其才：《法理学（第三版）》，北京：清华大学出版社2015年版，第182页。

这类问题之余地。”[①] 也就是说，伤害与制裁互为充分必要条件。所谓立法伦理主义原则：“主张法律应该对违反道德的行为进行限制。”[②] 应该说，伤害原则是现代立法的基本原则，即有伤害就有救济。民事法律规则中的停止损害、赔礼道歉、赔偿损失等救济措施都是针对实际损害作的规定。刑法的基本原则之一——罪责刑相适应原则，同样强调要有实际危害才有法律责任。

但是否给他人利益造成损害，往往需要放在具体语境中进行判断。在当前的社会主义新农村建设过程中，村民个人的越轨行为确实可能影响到其他村民的实际利益，而不仅仅是抽象的“社会稳定和秩序”。“在取消农业税后，国家不再向农村收取税费，村干部的主要工作是向上级争取资源和项目。”[③] 这是全国各地农村的现状，各地的村干部都在通过各种途径争取上级政府部门的专项建设经费。村里能申请到的各项专项建设经费，都需要各级政府领导予以批准。那么，作为建设单位主要负责人的村干部，也需要做好各项基础工作，以便争取项目经费。回到《王家村“五户联保”公约》中的环境卫生管理规范上来：从一般意义上讲，村民自己家里的卫生情况以及房屋四周的卫生情况，界定为个人事务更合适。在没有对他人

① ［英］约翰·密尔：《论自由》，许宝骙译，北京：商务印书馆 2010 年（重印）版，第 90 页。

② 高其才：《法理学（第三版）》，北京：清华大学出版社 2015 年版，第 183 页。

③ 贺雪峰：《新乡土中国（修订版）》，北京：北京大学出版社 2013 年版，第 33 页。

(邻居)造成明显损害的时候，村民家庭内部的环境卫生情况属于个人行为自由的范围，他人(其他组织)都不宜干涉。但在现有体制下，个人家里的卫生不搞好会影响整个村子的形象，进而影响到争取专项经费的数额。这样来看的话，家庭内部卫生情况就会实实在在地影响到其他村民以及村集体的利益。因此，对于村规民约中的规范需要进入具体环境去分析，而不宜以某项抽象的法律原则进行笼统的界定。言已至此，又不得不面对一个新的问题。如果说影响到村里争取上级政府部门经费的数额，这种损失在法律上的性质如何？这种利益损失只是一种“可能”的利益损失，而且这种损失基本上是无法实际证明的(如果以“谁主张、谁举证”的原则来要求，村委会很难证明这种损失)。因此，对于类似的情况即便要进行规范，也不宜设置过高的责任。

一旦超出伤害原则的界限，就容易出现立法伦理主义问题。如《王家村“五户联保”公约》“联人心，保活力”部分规定的：“尊老爱幼，善待老人，主动帮助老弱病残；违者，责令交违约金 50～200 元。”“团结一致，互相监督，互相制约，自觉遵纪守法；对不团结、不互相监督，不遵纪守法和挑拨离间的，自愿交违约金 100～200 元。”类似的问题在村规民约中广泛存在，例如黔东南州锦屏县隆里乡华寨村的《劝和歌》就说：“华寨村《村民自治合约》由全村每户签字或按手印认可，其中有一条规定，严禁骂街，严禁夫妻、婆媳邻里谩骂打架，违者由村劝和小组到其家进行劝和，并承担参与劝和人员当餐伙食，华寨以劝和饭的形式促进了全村和谐。”[1] 有研究者从外在视角来看，认为“这种传统的纠纷调解方式有时会损失部分人的权利，调解过程中必不可少的‘劝和饭’也增加了当事人的经济负担，但乡土社会的人们不这样看。当事人以牺牲自己的权利来迎合地方习惯，也许有时连他们本人也未必意识到他们屈从的是一种‘社会公认合式’”[2]。当事人有时候是缺乏这种认识，有时候则是无力反抗。

这类规范明显带有立法伦理主义倾向，它们在一定程度上类似于法律规则中的“兜底条款”，但这个“底”的范围明显过宽。事实上，有学者早就注意到“相当数量的乡规民约以一致性道德为治理基础”[3]。对于村规民约中的类似条款，需要进行系统的梳理。设立罚则条款应该以伤害原则为基本标准，避免规范的泛化。对于提倡性质的道德规范，则不宜设立罚则。

第四节　关于完善村规民约罚则条款的四点意见

村规民约中的罚则如何设置才能更合理，也是需要进一步

① 徐晓光：《锦屏乡土社会的法与民间纠纷解决》，北京：民族出版社 2012 年版，第 156 页。

② 徐晓光：《锦屏乡土社会的法与民间纠纷解决》，北京：民族出版社 2012 年版，第 156 页。

③ 张静：《乡规民约体现的村庄治权》，载《北大法律评论（第 2 卷第 1 辑）》，北京：法律出版社 1999 年版，第 36 页。

回答的问题。对该问题，本书拟尝试从如下四个方面回答。

一、建议适当规范财产罚条款

前文已述，以“社会契约”来解释村规民约中“违约金”的尝试是有缺陷的。一个重要的缺陷在于村规民约中的公共权力没有得到村民的权利让渡，即村民没有充分参与村规民约的制定过程。现在很多地方在村规民约制定过程中，尽可能地征求了村民的意见。以丹寨县近年的“十户一体”公约制定为例，各村往往在制定过程中通过现场会议、电话征求各家各户的意见。在村规民约表决通过后，各家各户都要派一个代表签字并按指纹确认。虽然仍有一定不足，但村民的权利让渡程序还是在很大限度上得到了补正。那么，这种情况下，村规民约可不可以设定罚款呢？

根据古典自然法学的理论，财产权是公民的天赋人权。“最高权力，未经本人同意，不能取去任何人的财产的任何部分。”[①] 反而言之，在得到公民本人同意的前提下，最高权力可以取走公民的部分财产。这在今天的物权法理论中，是公民对财产的处分权。村民通过村规民约制定程序参与规则的制定，并对自己的财产作出部分处置承诺，其承诺应当合法有效。这就是说，对于村规民约中的财产罚条款基本符合现代法制精神，不宜简单否定。当然，对于罚款的事项、金额标准、

① ［法］洛克：《政府论》下篇，叶启芳、瞿菊农译，北京：商务印书馆2019年版，第87页。

分配方式还是应该根据当地的实际收入情况进行衡量。

二、建议增加申诫罚的适用

对于村规民约可以采用的处罚方式，可以考虑增加申诫罚——通报批评、黄牌警告的适用。所谓通报批评，实际上就是将行为人的违规行为在集体范围内进行批评，并将相关信息以某种方式使集体成员知晓。对于本集体经济组织内村民的轻微越轨行为，村民委员会可以对其进行批评教育，使本集体经济组织内的其他村民知道相关信息。

诚如第二章中讲到的，对于不搞卫生的村民，村干部就带队去他家帮忙搞卫生。村民都知道，这不仅是搞卫生，也是“扫面子”。农村中有一句俗语，叫“人要脸，树要皮”，大家都非常重视面子。对于一些没有达到法律处罚标准的轻微越轨行为，村规民约可以设定通报批评、黄牌警告这样的处罚方式。通报批评主要作为一种舆论压力方式，有其局限性。由于农村人口流动性的增加，熟人社会的性质逐渐减弱（有学者将现在的农村称为“半熟人社会”①），舆论压力的作用可能也会趋弱。但即便是“半熟人社会”，舆论压力仍然会产生一定的作用。目前，已经有一些地方的村规民约开始尝试将通报批评作为处罚方式。其适用范围还可以适当拓宽，特别是对于道德提倡性质的村规民约规范应优先选用。

① 参见贺雪峰：《新乡土中国（修订版）》，北京：北京大学出版社2013年版，第8页。

三、适当降低人身罚的期限

对于违反村规民约规定者，可以借鉴《社区矫正法》中的相关规定，设置一定的人身罚。该法第42条规定："社区矫正机构可以根据社区矫正对象的个人特长，组织其参加公益活动，修复社会关系，培养社会责任感。"

很多村规民约中都有人身罚条款，前文已经对《王家村"五户联保"公约》中的人身罚条款作了简要梳理。再进一步梳理可以发现，该公约中所规定的人身罚的期限是比较长的。如该公约规定的人身罚期限多种多样，有1~3个月（"联安全，保平安"部分第2条）、2~4个月（"联安全，保平安"部分第3条）、5个月（"联安全，保平安"部分第4条）、1~6个月（"联治安，保稳定"部分第1条）、6~12个月（"联治安，保稳定"第2条、第3条、第5条）。总体来说，这些人身罚的期限还是比较长的。对于不同性质的违规行为，设置一定的公益活动频次要求是合理的，但也要防止期限过长而导致实际无法实施的困境。

四、严格限制资格罚的适用

"十户一体"公约中规定，严重违反村规民约者暂停或取消惠农政策，直至改正为止。虽然截至目前，并没有农户因为违反村规民约而被暂停或取消惠农政策，但其威慑力不言而喻。有学者将乡规民约这种"允许将惩戒范围扩散到与当事人生存有关的任意事务"上的特点总结为"弥散性"，"村组织对任何错误，都不是简单地作一对一处理，而是被允许扩散到违规者的其他权益、他的历史、未来乃至作为村成员有资格享有的集体福利上去”①。

从原则上来讲，暂停或取消惠农政策不宜作为普遍适用的罚则条款。从国家的根本法——《宪法》的规定来看，该措施是不合法的。《宪法》第45条第1款规定：“中华人民共和国公民在年老、疾病或者丧失劳动能力的情况下，有从国家和社会获得物质帮助的权利。国家发展为公民享受这些权利所需要的社会保险、社会救济和医疗卫生事业。”这讲的就是公民有获得国家救济的权利。在2020年以前的脱贫攻坚背景下，各地农村（包括丹寨县）都有大量的建档立卡的贫困户。国家的救助与扶持是这些困难群众的脱贫奔小康的重要助推剂。

在非常明确的特定条件下，暂停或取消惠农政策可以作为处罚措施予以适用。比如作为针对铺张浪费行为的处罚。当前很多村规民约都规定了移风易俗事项，特别强调从简办理婚丧喜庆事宜。如果建档立卡的贫困户违反了该类规定，可以考虑暂停或取消惠农政策。因为铺张浪费足以说明其具有相对较强的消费能力，也就不再需要国家的救济。再如前述环境卫生事项，如果有村民违反村规民约，不搞好自己责任范围内的卫生，进而影响到政府专项经费的申请，那么，暂停或取消惠农政策也是可以的。因为争取专项经费不仅是村集体的事，也牵

① 张静：《乡规民约体现的村庄治权》，载《北大法律评论（第2卷第1辑）》，北京：法律出版社1999年版，第39页。

涉到他自身的福利。而他的先行行为已经充分表明他不重视村集体的利益，其中自然也包含他自身的该项利益。

本章小结

对于村规民约中的罚则问题，我们需要警惕一种认识，即村民个人的行为应该尽可能地纳入规范系统进行规范，这是典型的法律万能主义思维。村民个人的行为自由应该受到充分尊重，当且仅当其行为对他人利益造成损害的时候，村规民约才能进行约束。如果村规民约的制定者与指导者没有这种认识，就会有尽量规范村民日常行为的冲动。这种冲动的后果，要么是村规民约无法得到认可、实施，要么就是空前加强社会控制、限制村民的个人自由。

长期以来，基层民主实践取得了一些进步，但仍然存在较多的问题。在村规民约这一问题中，最为突出的就是村规民约的制定程序问题。很早以前，就有学者指出村规民约的制定过程不够民主。① 有学者指出："在很多地方，村规民约不是根据村民的意愿和要求制定，而是根据'上级指示和要求'制定，使之成为一种不为群众所维护的'官约'，没有直接体现村民的意志。"② 甚至有学者认为："在很大程度上讲，'乡规

---

① 参见刘涛、刘克利：《村规民约中的问题及其对策》，载《法学杂志》1991年第2期，第47页。

② 张泽想：《当前村规民约中存在的问题及其对策》，载《中外法学》1992年第4期，第29页。

民约’是官方借民间的力量以管理乡民社会的方式，这就如同在城市，‘社区公约’也往往是国家借民间的力量来控制和管理最基层的城市社会的一种方式一样。”① 这些研究表明，村规民约在这样的制定过程中失去了“自我”，不再是“村民”自己的村规民约，而变成了“官方”“半官方”的村规民约，变成了基层政府、村委会治理村民的村规民约。

根据《宪法》《村民委员会组织法》的相关规定，村民（包括村委会干部）在村民自治制度中的法律地位是平等的。村委会要采取惩罚性措施，必须立足于村民之间平等的法律地位、现行法律制度以及现代法治意识，而不能再像传统社会中的权威人士一样，在采取强制性措施时拥有那么大的自由度。但不得不承认，村民的种种权利基本上仍是法定权利，而不是实然权利。面对控制大量公共资源的村委会，村民往往处于弱势地位，根本无力制约村集体的权力扩张。

① 谢晖：《当代中国的乡民社会、乡规民约及其遭遇》，载《东岳论丛》2004 年第 4 期，第 53 页。

第七章 村规民约转型中的连带责任制度探析

“联保”实际上是罚则中的一种特殊责任形式，但由于内容相对较多，故以单章形式对该问题予以探讨。如前所述，“十户一体”公约中的“联保”，就是将一定数量（五户、十户左右）的家庭结成“联户”，联户内各家庭实行捆绑式管理。“一户违约，其他联户同时受到牵连，联户小组农户之间形成相互监督、相互制约、相互管理直至违约户整改完毕为止。”① 不管是奖励，还是处罚，甚至是优惠、贷款，都实行捆绑式管理。

从积极的方面来看，“联保”能够更好地调动大家的积极性、增强责任感。在访谈中有调查对象就表示“自己在各方面都还是要加强。因为你不好好干，别人就不愿意和你家结成

① 《王家村“五户联保”公约》，2017 年 4 月 26 日，王家村村委会田野调查资料。

联户”[①]。以环境卫生工作为例，对于卫生情况不太好的家庭，户长有时候会带领其他联户一起去帮忙搞卫生。虽然这种情况并不多，但却体现了村民责任感的增强。如果没有“五户联保”公约的实施，很难想象一户村民仅仅因为另一户村民家的卫生情况较差就去帮他/她搞卫生。

从消极的方面来看，“联保”的实质就是连带责任，与现代法治精神所强调的个人责任原则是相冲突的。连带责任的后果就是容易不适当地扩大惩罚面。因此，在现代法律制度中，连带责任是被严格限制的。笔者在田野调查中发现，如果“联户”中有的家庭卫生情况较差，那么“联户”中的其他家庭也不能获得当次奖励。反过来，如果“联户”中的部分家庭因卫生情况较差而被罚款，那么“联户”中的其他家庭不用一起罚款。这也表明，村干部实际上是知道这种连带责任的负面影响的，对它的适用也非常谨慎。用之不当，就可能造成大面积打击村民积极性的严重后果。

《王家村“五户联保”公约》中关于“联保”的字数不多，在相关新闻报道中也未见批评性意见。但还是应该通过更深入的挖掘分析让大家认识到其中的理念偏差，并在后续的实践中加以改进。

① 2017年4月30日，展良村村民访谈资料。

第一节　连带责任制度的历史渊源

连带责任制度在我国历史上有深厚的历史渊源，可以从两个角度来认识：一是中央王朝制度史角度。比较典型的有早期的什伍连坐制度以及后来的保甲制度，二者可谓一脉相承。二是少数民族法制史角度。在少数民族传统习惯法中，也有很多关于连带责任的规定。

一、中央王朝制度史中的连带责任制度

历史文献中，最早记载连带责任的应该是《周礼》。不仅《周礼·地官·大司徒》中有相关记载，[①]《周礼·地官·小司徒》中也有相关记载。[②] 后者即卒伍制度。根据学者研究，认为《周礼》并不是周公的手笔，而是后人托笔之作。即便如此，《周礼》一书对后世的影响却是实实在在的。[③] 齐国可能

① “令五家为比，使之相保；五比为闾，使之相爱；四闾为族，使之相葬；五族为党，使之相救；五党为州，使之相赒；五州为乡，使之相宾。”《周礼·地官·大司徒》。

② “五人为伍，五伍为两，四两为卒，五卒为旅，五旅为师，五师为军。”《周礼·地官·小司徒》。

③ 杨开道：《中国乡约制度》，北京：商务印书馆2015年版，第5页。

曾经实行过相似的制度。[①] 可信度比较高的应该是《史记·商君列传》中记载的："令民为什伍，而相收司连坐。不告奸者腰斩，告奸者与斩敌首同赏，匿奸者与降敌同罚。"根据《史记索隐》之见："收司谓相纠发也。一家有罪而九家连举发，若不纠举，则十家连坐。恐变令不行，故设重禁。"[②] 也就是加重处罚，增加违法成本。

有学者认为："管子在齐国的改革，主要是'编户齐民'，是对居民的管理纳入制度化、公共化的开始。从商鞅时代的秦国开始，正式确立了刑事上的连坐制度……历代学者一般都认为，首次将连坐制度化的是商鞅。从商鞅开始，连带责任上升为一种'集体性惩罚'，邻里之间、亲属之间和官员之间负有相互纠举、告奸的责任。"[③] 从法人类学的视角来看，连带责任在原始社会就有了。但两者之间又有明显差异。首先，原始社会的连带责任与什伍连坐之制的连带责任最大的区别，在于承担连带责任的主体范围不同。原始社会的连带责任主体范围一般是氏族、部落，而什伍连坐之制的连带责任主体范围是编

---

① 三国之内，"制五家为轨，轨有长；十轨为里，里有司；四里为连，连有长；十连为乡，乡有良人；三乡一帅。"五鄙之内，"制五家为轨，轨有长；六轨为邑，邑有司；十邑为卒，卒有长；十卒为乡，乡有良人；三乡为属，属有帅。"《管子·匡君小匡》。但实际上，《管子·立政》又有于此相去甚远的记载，让人难以判断谁真谁假。杨开道：《中国乡约制度》，北京：商务印书馆2015年版，第7页。

② 沈家本：《历代刑法考（一）》，上海：中华书局1985年版，第86页。该页并引王引之《读书杂志》，认为"收"应为"牧"之误。

③ 张维迎、邓峰：《信息、激励与连带责任——对中国古代连坐、保甲制度的法和经济学解释》，载《中国社会科学》2003年第3期，第100页。

户之后的特定家庭。其次，原始社会的连带责任不仅意味着共同承担责任，还意味着相互分享利益，具有明显的风险分摊功能。而什伍连坐之制的连带责任主要是通过法律义务的设定使各户之间相互监督以强化社会控制。

什伍连坐制度经过演变，发展为保甲制度。有学者认为，保甲制度最先是由程颢创立的。其后，王安石变法过程中也大力推行保甲制度。[①] “保甲的根本理论，完全是《周礼》《管子》兵农合一主义；所谓寓兵于农、寓农于兵、兵即为农、农即为兵，和近代的征兵制度、保卫制度也十分接近。”[②] 对此，有学者略有不同意见，认为：“宋王朝创立的这种制度，不仅在历史上首次采用了‘保甲’的名称，而且首次将警盗、切结联保当作保甲的唯一职能。”[③]

明朝时期，保甲制度又得到了一定程度的发展。有学者认为：“明代的里甲制度，建于洪武十四年。”明太祖朱元璋在统计人口的基础上，要求全国绝大多数地区按“一百十户为

---

① 保甲组织最初为程颢所创，曾经在晋城县（现为晋城市）实行过，成绩极佳。当时叫作保伍法而不叫作保甲法，“度乡里远近为伍保，使之力役相助，患难相恤，而奸伪无所容。凡孤寡残疾者责之亲戚乡党，使无所失；行旅出于途者，疾病皆有所养”。王荆公大约看到晋城的实例，想起《周礼》的兵农制度，便订了一种十家为保，五十家为大保，五百家为都保的新法，先在开封附近试行，然后在各路推行。王荆公的保甲制度里面，并没有甲的名种，不知何以叫作保甲法？甲的名称恐怕是明代里甲制度里面才开头采用的。杨开道：《中国乡约制度》，北京：商务印书馆 2015 年版，第 12 页。

② 杨开道：《中国乡约制度》，北京：商务印书馆 2015 年版，第 31 页。

③ 萧公权：《中国乡村——19 世纪的帝国控制》，张皓、张升译，北京：九州出版社 2018 年版，第 39 页。

一里，推丁粮多者十户为长，余百户为十甲”的原则建立里甲组织。里甲既是最基层的行政组织，又是一种役制组织。[①]里甲制度提供较为稳定的赋税徭役来源，但到了明朝中叶，随着“徭役制度的改革，使里甲在徭役佥派征发中作用减弱以致消失，里甲的重要性大不如前，取消里甲的问题便被提了出来”[②]。王阳明在乡约保甲制度的发展过程中，也有重要的地位。“自从阳明以乡约精神——教化——提倡保甲以后，乡约保甲的关系日益密切，有的是乡约而兼保甲，有的是保甲而兼乡约，后来乡约保甲居然冶为一炉，成为一个单纯的组织。”[③]有学者指出，王阳明的保甲制度的“历史意义就在于它是通过地方共同责任制，达到侦查犯罪、发现犯人的目的”[④]。在明朝中后期，吕新吾也是乡约保甲制度发展过程中的重要人物。吕新吾提倡乡约保甲合用，这既是他的优点，也是他的缺点。“乡约因合于保甲而地位逾低，神圣民权的表示，成了卑污政治的工具，卢梭民约何其幸，吕氏乡约何其不幸！”[⑤] 其

① 刘伟：《明代里甲制度初探》，载《华中师院学报（哲学社会科学版）》1982 年第 3 期，第 93 页。

② 唐文基：《试论明代里甲制度》，载《社会科学战线》1987 年第 4 期，第 166 页。

③ 杨开道：《中国乡约制度》，北京：商务印书馆 2015 年版，第 127 页。

④ 萧公权：《中国乡村——19 世纪的帝国控制》，张皓、张升译，北京：九州出版社 2018 年版，第 40 页。

⑤ 吕新吾把乡约保甲打成一片，一方面加重乡约的势力，另一方面也可以说减轻乡约的势力，因为拿政治的力量出来提倡乡甲约，也许会事半而功倍，不过乡约借助政治的力量，也就不称其为乡约了。乡约保甲的合用，是吕新吾的优点；乡约保甲的合用，也是吕新吾的弱点。杨开道：《中国乡约制度》，北京：商务印书馆 2015 年版，第 132 页。

后的刘蕺山也大力提倡乡约保甲制度的合用。[①] 一直到明末清初的陆桴亭，乡治理论才最终完成。陆桴亭认为："乡约是乡治的总称，保甲、社仓、社学是乡治的方面，保甲是乡治的第一约，社仓是第二约，社学是第三约。"[②] 陆桴亭本人并未从事任何与乡约保甲制度实践的工作，他是一个理论家。

清朝以来，也有不少地方官员提倡乡约，如于成龙、王璞山等人。但在清朝的整个制度体系里面，更受重视的无疑是保甲制度。有学者认为："清朝所设置的保甲体系，它有力地帮助了清朝加强对县以下基层的统治。它的首要职能，是对各街坊和村子的居民、丁口进行编审。""保甲体系的第二大职能，或许也是它的主要中心职能，即侦查、汇报犯罪行为——那种反抗统治秩序、扰乱地方统治的犯罪行为。"[③] 清王朝还努力将少数民族地区居民、渔民等边远地区的人口编入保甲制度。

二、少数民族法制史中的连带责任制度

根据法人类学的研究成果，连带责任制度是人类早期社会就存在的，但原始社会中的连带责任基本上是以氏族、部落为

---

① 他实行的乡保制度共有两个，一个叫作"保民训要"，以保甲为主，乡约为辅；一个叫作"乡保事宜"，以乡约为主，保甲为辅。杨开道：《中国乡约制度》，北京：商务印书馆2015年版，第150页。

② 杨开道：《中国乡约制度》，北京：商务印书馆2015年版，第168页。

③ 一旦出现"盗贼逃人，奸宄窃发"事件，每一位居民都必须向保甲头人汇报；然后由保甲头人负责向当地官员汇报。如果有人没有履行这一规定的义务，那么不仅他个人要受到处罚，而且同他编在一起的其他9户居民也要连带受处罚。萧公权：《中国乡村——19世纪的帝国控制》，张皓、张升译，北京：九州出版社2018年版，第60页。

责任单位的。法人类学研究为我们理解古代社会的法律制度提供了较为可靠的参照对象。

在少数民族传统习惯法中，一个人犯了罪以后，对他的惩罚是由他的近亲属，甚至整个家族一起承担责任的。这也是一种风险分摊形式，使得个人不至由于无法支付赔偿而引起新的纠纷。贵州台江县苗族地区，“初犯的偷盗者若果真无力退赃，其家族就有共同承担的义务”①。在云南佤族地区，“负债人还不了或还不清债务，由其父亲、兄弟代还。佤族更甚，同姓的人有义务代为偿还”②。贵州黔东南州的瑶族社会中，有一种叫播冬的组织，即由一个共同血缘祖先传袭繁衍下来的血亲集团。同一播冬的人使用同一姓氏，居住同一村寨，或寨中同一范围，或同一排长屋内。“播冬成员初犯石牌法规，被罚‘赔酒’的费用也全由播冬共同承担。”③ 在云南佤族地区，“对偶尔偷窃而偷的东西又不多者，由偷窃者如数或加倍赔还，并泡酒赔礼。如偷窃者无力偿还，则由其氏族共同负责赔偿。偷者或共同氏族拒不偿还时，被偷者有权拉偷者或同氏族的小孩、牛或其他东西。到外村偷窃，被偷者可到偷窃者的村

① 张冠梓：《论法的成长——来自中国南方山地法律民族志的诠释》，北京：社会科学文献出版社 2002 年版，第 190 页。

② 张冠梓：《论法的成长——来自中国南方山地法律民族志的诠释》，北京：社会科学文献出版社 2002 年版，第 244 页。

③ 张冠梓：《论法的成长——来自中国南方山地法律民族志的诠释》，北京：社会科学文献出版社 2002 年版，第 178 页。

社拉任何人的牛，然后再由被拉的牛主向偷窃者或其氏族索还”①。

从人类法律制度发展史的角度来看，连带责任制度并不是中国独有的。资料记载，英国的十户联保制始于1066年诺曼征服时代，到1620年英国法律改革时才开始被打破。这种十户联保制的基本特征是群体监控。“在这一系统中，公民和其他九个邻居组成团队，这个十人小队相互监视以确保小队每个成员不惹麻烦。这种基于监视形式的纪律很管用，由于成员间的相似和熟悉，在乡村和民间社会中已经建立起早期的控制形式。”“如果十户联保制群体中的一员发现某项法律被破坏，他（她）就会愤怒地抗议，即对社区其他成员大喊发生了侵犯。”需要指出的是，这里所说的“大喊”的人，不仅仅包括受害人。在这一制度体系下，“十户联保小组的成员被要求缴纳什一税，这些钱形成一笔专款用于支付法庭，通常是警察或地区审判长，以此来补偿小组中的越轨成员造成的破坏。”②

有学者指出：“连带责任虽非中国独有，但中国可能是有史以来的各个国家中，连带责任实施的范围最广、时间最长、

① 张冠梓：《论法的成长——来自中国南方山地法律民族志的诠释》，北京：社会科学文献出版社2002年版，第267页。

② ［美］詹姆斯·克里斯：《社会控制》，纳雪沙译，北京：电子工业出版社2012年版，第77页。还可参见萧公权：《中国乡村——19世纪的帝国控制》，张皓、张升译，北京：九州出版社2018年版，第99页。“十户制下的成员，不过是对相互之间的行为永远担保。……亦就是说，10人之中，要互相对对方的行为负责，整个王国都是这样。如果10个人当中有谁犯罪，那么其余9人就应该把他告上公堂。”

最严厉、对这一工具的依赖性最强的国家。身份制度、家族主义和集体性责任，是中国古代家国一体制度的主要特点。”① 直到民国时期，保甲制度仍然在乡村治理中发挥作用。从这个角度来看，当地“五户联保”公约的本质仍然是乡约与联保的结合。

第二节 连带责任制度的内在逻辑

在人类制度发展史中，连带责任制度长期存在，必然有一定的原因。这些原因也就是连带责任制度产生、发展，直至逐渐式微的内在逻辑。

一、连带责任制度有利于分摊风险

连带责任制度产生之初的本质是一种分摊风险的制度设计。法人类学的研究发现，在人类法律制度走出复仇阶段进入赔偿阶段的时候，对违法行为施加的赔偿标准通常是很高的。由于赔偿的标准通常都很高，往往超出单个家庭的承受能力。因此，必须要有人来分担，才能全部支付给受害人家庭以取得纠纷的和平解决。大卫·D. 弗里德曼认为：“被告人因经济原因无法履行金钱判决的问题可以通过一系列方法解决。一种是通过非正式的信用制度，一个被定罪的行为人可能会从亲戚、

① 张维迎、邓峰：《信息、激励与连带责任——对中国古代连坐、保甲制度的法和经济学解释》，载《中国社会科学》2003 年第 3 期，第 100 页。

朋友那里得到罚金，双方都心照不宣的交换是他在奖励为他们提供服务。”[1] 也就是说，这种共同责任，分摊的不仅是本次赔偿的风险，它还顺便分摊了未来可能发生的风险。

除了风险分摊之外，集体责任还有另外一方面的原因，那就是保护己方共同体的实力。因为任何个人都是其所属团体的财富。在己方成员犯罪时，如果不替他分担责任，则他很可能被对方杀害，而这对本团体而言是一个重大损失。因此，为了保存更大的利益，而由集体共同承担他的犯罪后果在经济学上来讲是一个有效率的结果。穗积陈重曾指出：“当自己的族人杀害了别族人，即便同族人将这种杀害视为不正当行为，但除非是同族人内部出现非议排斥，否则他们就不会将这个族人交给对方，任凭处置，因为这是一个族群的耻辱。……只有当这种杀害行为已经恶劣到亵渎神灵，或者是卑劣到人神共愤的地步，族人才会不齿与其为伍，将其从氏族中除名，流放他所。”[2] 正是由于这种集体责任与集体风险，集体责任制的一个内在要求是共同体通过较强的内部控制力和文化熏陶，从而减少争斗，尽量降低犯罪率。

二、连带责任制度有利于降低信息成本

“十户一体”公约最显著的经济理性就在于降低信息成

① ［美］大卫·D. 弗里德曼：《经济学语境下的法律规则》，杨欣欣译，北京：法律出版社2004年，第323页。

② ［日］穗积陈重：《复仇与法律》，曾玉婷、魏磊杰译，北京：中国法制出版社2013年，第41页。

本，也就是监督成本。波斯纳认为："在初民社会中，获得信息的费用要比在先进社会中高很多。更准确地说是，为了获取同样数量的信息，初民社会必须投入更多的时间或其他资源。就那些初民世界不知道的、与许多科学和技术原则有关的信息而言，情况尤为如此。但是，获得其他信息的情况也是如此。例如，契约一方履行契约的概率大小（在那里，没有法院强制契约履行），或者，销售中实际提交的货物数量是否符合当初协定的数量（初民社会的市场没有秤）；又如死亡的原因（那里没有警察或验尸人员，以及不可能直接否弃巫术致人死亡的可能性）；以及一个农业劳动力工作的边际产品有多大等问题。"① "信息费用"不仅在初民社会中存在，在任何一个社会中都同样存在，只是在科学技术不发达的初民社会中，信息费用更高一些而已。

为了与较高的信息费用相适应，初民社会的一个重要适应措施就是对隐私权的否定。波斯纳认为："缺乏隐私，这一点对初民的价值体系和制度都有不少潜在的含义。它有助于解释，为什么初民社会的犯罪率明显比较低，尽管它既没有正式的调查机构（无论是公共的还是私人的），也没有严厉的刑罚来补偿正式调查机构之缺乏。然而，这个关于犯罪的例子表明，初民社会中私隐之所以缺乏，这本身或许就是对社会的一种调适，它回应了社会因缺乏公共或私人调查机构或缺乏任何

---

① ［美］理查德·A. 波斯纳：《正义/司法的经济学》，苏力译，北京：中国政法大学出版社2002年版，第150页。

传媒形式而带来的高昂信息费用。为了减少信息费用，一种办法就是创造这样一种生活环境，在那里，每个人都了解其他每个人的每件事。初民社会之所以否认私隐，其作用就是要征集所有的人来通风报信和充当保安。”① 在一个相对静态的社会中，个人信息是相对透明的。从活动范围来讲，他很少离开他所属的部落（民族）的栖息地去活动。从人物关系来看，他很少离开他的家人、伙伴、劳动集体而单独活动。这样的话，信息就必然是相对透明的，要获得关于某一方面的信息就容易多了。上文中关于英国十户联保制的论述中实际上也讲到了这个方面。

三、连带责任制有利于加大违法成本

有学者认为：从信息分配的角度而言，村社的集中居住、居民的流动性小、互助组织发达等特点“决定了信息流动的特点，导致乡土社会对外界的封闭性、内部信息的高度流通性和共享性”。保甲制度“以株连的方式，强制地在老百姓之间实行横向的水平监视，从而实现了有效的社会控制”。从行为激励的角度而言，连带责任会使得行为人更有积极性去发现相关信息，适当避免逆向选择带来的弊端。从惩罚力度的角度而言，连带责任“将‘其他人’的福利纳入行为主体本人的效用函数，从而让他人为自己受过可以达到‘累其心’‘不敢

① ［美］理查德·A. 波斯纳：《正义/司法的经济学》，苏力译，北京：中国政法大学出版社2002年版，第151页。

犯’的目的”。总体而言，“在古代中国，连带责任可以说是一种有效的治理结构——至少从国家控制的目的而言是如此”①。

在“十户一体”公约当中，信息成本与惩罚力度仍然是重要的考虑因素。如卫生考核评比，要村干部挨家挨户去检查卫生进行评比的可能性不大，至少频率不可能太高。如果没有一定的频率，就达不到促进卫生状况好转的目标。通过“十户一体”，各联户内部选取户长，他就要承担带头搞卫生、督促联户内各家各户搞卫生的责任；在组织卫生考评的时候，还要参与考评。这样一来，村干部的信息获取成本就下降了。在组建联户的过程中，大家也会想“自己搞不好，别人就不愿意和你建联户”。组建联户后，大家就会想“自己搞不好，会影响其他人的利益”，或者“自己违反了公约，会影响其他人的利益”。这实际上也是在加大对违反公约行为的处罚力度，将个人更紧密地嵌入社会之网中。

然而，上述合理性已经，或者正在消失。首先，随着社会的发展进步，核心家庭具备越来越强的风险承担能力，且现代社会有了越来越多样化的风险分摊机制。因此，以亲属群体作为风险分摊机制已经没有强烈的社会需要。其次，随着科学技术的发展，信息的获得也变得越来越便利。个人信息已经成为人格权相关法律法规的保护对象。在这种情况下，无须再依靠

---

① 张维迎、邓峰：《信息、激励与连带责任——对中国古代连坐、保甲制度的法和经济学解释》，载《中国社会科学》2003 年第 3 期，第 110 页。

群体成员之间的相互监控来降低信息获取成本。最后，随着个人独立性的不断增强，连带责任制度作为一个原则已经被近现代法治理念抛弃（仅在严格限定的情况下适用），转向个人责任原则。

第三节　连带责任制度的根本缺陷

“联保”制度作为“十户一体”公约的核心要素之一，其连带责任内核与近现代法治理念下的个人责任原则是完全不相容的。“众所周知，在近代以前，实行的是客观责任（结果责任）与团体责任。前者是指，只要造成客观危害，就要追究责任；后者是指，只要构成犯罪，不仅追究责任者本人的责任，还要追究与犯罪人有关的人的责任。”而现代法律所强调的是个人责任。“个人责任是指，只能就行为人实施的个人的行为对行为人进行非难。”因为根据责任主义原则的内在逻辑，“只有当行为人对侵害法益的行为与结果具有非难可能性（有责性或责任）时，才能将其行为认定为犯罪”①。当然，从集体责任向个人责任的过渡经历了一个较长时间的发展。穗积陈重曾经指出：“在全族赔偿义务以及受偿权利中产生顺序，是原始共同责任逐渐向个人责任发展的开端，同时也彰显出社会管制力的发展。犯人以外的人支付赔偿金的行为，在最初是

① 张明楷：《刑法学（第5版）》上册，北京：法律出版社2016年版，第67页。

作为同族人，与其他族员共同负担的共同责任，但发展到后来，他们不仅位居次位，而且还拥有事后要求偿还赔偿金的权利，因此，原有的共同责任观念基本作废，赔偿遂成为犯人的个人责任。”①

从集体责任到个人责任，只是对“从身份到契约”的另一种表述而已。“从身份到契约”是梅因的名著《古代法》中最为我国读者熟悉的一句话。梅因说：“所有进步社会的运动，到此处为止，是一个‘从身份到契约’的运动。”② 更详细的表述应该是“所有进步社会的运动在有一点上是一致的。在运动发展的过程中，其特点是家族依附的逐步消灭以及代之而起的个人义务的增长。‘个人’不断地代替了‘家族’，成为民事法律所考虑的单位”③。“在社会的幼年时代中，发现有这样一个永远显著的特点。人们不是被视为一个个人而是始终被视为一个特定团体的成员。每一个人首先是一个公民，然后，既是一个公民，他必是阶级中的一个成员……其次，他是一个氏族、大氏族或部落的成员；最后，他是一个家族的成员……他绝不把他自己看成为一个个别的个人。”④ “如果共同

① ［日］穗积陈重：《复仇与法律》，曾玉婷、魏磊杰译，北京：中国法制出版社2013年版，第89页。

② ［英］梅因：《古代法》，沈景一译，北京：商务印书馆2010年（重印）版，第97页。

③ ［英］梅因：《古代法》，沈景一译，北京：商务印书馆2010年（重印）版，第96页。

④ ［英］梅因：《古代法》，沈景一译，北京：商务印书馆2010年（重印）版，第105页。

体有了罪过，它的罪恶大于其成员所犯罪的总和；这个罪是一个团体行为，其后果所及，要比实际参与犯罪行为的人多得多。如果，反过来，个人是显然有罪的，那他的子女、他的亲属、他的族人或他的同胞就都要和他一起受罚，有时甚至代替他受罚。”[①] 显然，梅因所说的“身份”，就是说每个人一出生就有其所属的特定集体，个人的权利义务都已经由其所属的集体设定好，个人在其中是缺乏主动性的。梅因所说的“个人”，就是现代民法中所说的“意思自治”的个人。身份是个体在亲属团体中的位置，当个体成为意思自治的个人的时候，他才能自由地订立契约、自主地享有权利和承担义务。

“十户一体”公约中的联保虽然不涉及刑事责任，但其责任范围仍然是较广的。虽然在目前已有的实践中，并未出现由于部分联保户违反公约而导致本联户内其他家庭被暂停或取消惠农政策，但其威慑力是实际存在的。而且，确实也出现了由于部分家庭轻微违反公约而导致本联户内其他家庭不能得到奖励或者一并受到批评的情况。

本章小结

实际上，以“联保”的形式促进经济发展在很多年前就有人尝试过。资料显示，从2001年开始，黑龙江省桦川县信

① ［英］梅因：《古代法》，沈景一译，北京：商务印书馆2010年（重印）版，第73页。

用社就尝试“五户联保”贷款制度。2005年，黑龙江信用联社开始推出“一证通”试点政策。所谓“一证通”，是指“信用社通过五户联保的形式，对农民实行最高限额授信，一次发放贷款证，三年内周转使用”[①]。2006年，黑龙江省联社下发了《黑龙江省农信社联保贷款管理办法》，“一证通”正式推出。这一制度在一定程度上“降低了逆向选择风险，减少了放贷机构筛选贷款申请者的成本”。不仅如此，“小组成员间相互监督，降低了贷款交易成本和潜在风险”。“成员间的连带责任，能有效防范信贷违约成本”。但是，“五户联保”政策中“联户小组的组建存在困难”[②]。不仅黑龙江有“五户联保”贷款，河南省郑州市[③]、陕西省[④]都曾经尝试过“五户联保”贷款制度。此外，还有的地方尝试用“五户联保”来保

① 李腾飞、梁爽、王志刚：《五户联保贷款制度实施现状及成效研究——以黑龙江省桦川县为例》，载《银行家》2012年第4期，第33页。

② 根据“办法”规定，农户在组成联保小组时，组员之间不能为直系亲属，而同时组员之间的连带责任又要求农户必须对其他成员有非常深入的了解。这一规定就使得农户在组建小组时产生了一系列困难，担保要求太严格确实已成为农民贷款时的首要问题之一。不仅农户在寻找符合条件的成员时存在一定困难，而且农户在组建联保小组时，往往选择比较富裕的农户，进而使贫困户被排斥在联保小组之外，有悖于该制度的初衷。李腾飞、梁爽、王志刚：《五户联保贷款制度实施现状及成效研究——以黑龙江省桦川县为例》，载《银行家》2012年第4期，第34页。

③ 曲昌荣、鲁长在：《河南省郑州市十八里河镇农信社帮助农民解决贷款难——“五户联保贷款，中！”》，载《人民日报》2007年2月11日，第6版。

④ 朱谦：《陕西“五户联保”推进妇女创业小额贷款》，载《中国妇女报》2011年6月8日，第2版。

障产品质量①。

在各地区的“五户联保”实践中，同样存在降低信息获取成本、增加违法成本的考量，但丹寨县的“十户一体”公约仍然有两个重要的不同之处：一是其他地区的“五户联保”是一个经济领域的局部措施，而丹寨县的“十户一体”公约是一个村民生活全方位的综合治理。二是其他地区的“五户联保”没有那么强的强制性；而丹寨县的“十户一体”公约是一种地方政府强势推行的制度，村民是几乎没有选择权的。正因为如此，当地现在改用的“十户一体”这一名称从精神导向上来讲更可取。当然，还有进一步的工作需要去做，那就是根据新的精神导向去修改公约。对于涉及连带责任的条款表述，应该完全去除。在去除掉连带责任制度之后，如果能进一步在党务村务中通过提高村民的参与度来增强了解度，通过提高认同度来增强支持度，通过提高主体性来增强获得感，那么，完全可以期待“十户一体”公约会在今后的基层社会治理中发挥更重要的作用。

---

① 河北省秦皇岛市山海关区的43个蔬菜专业村，全部实行“五户联保”制度，即蔬菜种植户以每5户为一组，使用一个编码，5户之间签订无公害标准化生产协议，承诺在蔬菜生产中杜绝使用高毒、高残留农药，相互之间互相监督、制约，一旦其中有1户的蔬菜质量出问题，其他4户的蔬菜销售也受牵连。5户种植户选出代表，再和村委会签订协议，村委会再和区农业局签订协议，无公害标准化生产就这样落到了实处。如今，在“五户联保”制度的约束下，实行无公害标准化生产已成为当地村民的自觉行动，高毒、高残留农药已经远离了当地菜地。润胜玉明、李巍：《山海关区“五户联保”保“放心菜”质量》，载《河北日报》2006年6月2日，第7版。

结语

村规民约应有的自我管理、自我服务、自我教育功能定位，与实然的基层组织社会控制不断强化之间的冲突，是发展基层群众自治制度中的核心问题。实际上，早就有学者开始了这种思考。只不过，该学者是从乡规民约的历史发展情况来展开的。追溯历史，我国有两个乡规民约的发展高峰，一是宋朝的吕氏乡约，二是明朝的南赣乡约。两种乡约，代表着两种截然不同的乡治传统。

我国最早的乡约——吕氏乡约，产生在宋神宗熙宁年间。根据朱熹考证，吕氏乡约（又称蓝田乡约）的作者应为吕大钧（字和叔）。由于吕大钧本人的文稿并无遗存，后世只能依据朱熹增损的吕氏乡约文本来进行相关研究。总体而言，吕氏乡约的显著特点有四：一是以乡为单位，而不是以县为单位；

二是由人民公约，而不是由官府命令；三是局部参加、自由参加，而不是全体参加、强迫参加；四是成文法则。① 有学者认为："乡约制度是由士人阶级的提倡，乡村人民的合作，在道德方面、教化方面去制裁社会的行为，谋求大众的利益。"对于乡约制度的意义，则认为："中国几千年的政治，都是人民被治，士人治人；士人阶级总是同政府打成一片，而没有同人民打成一片的。乡约制度的起源，实在是一个破天荒的举动，人民居然能得到士人阶级的指导，士人居然能弃政治舞台的生活。"这里讲的是乡约制度的一个重要特点，即"士人阶级与乡村人民合作"打破了传统的社会治理格局。但"可惜这种风气不盛。士人阶级始终没有同民众打成一片，所以中国的人民，一直到了今天，还是在那里过那被治的生活"②。换言之，作为起源的乡约制度精神在不久之后就被逐渐废弃，最终没有从根本上改变传统的社会治理格局。

吕氏乡约之后的又一个乡约发展高峰是王阳明的南赣乡约。明太祖朱元璋为了加强民众教育，新设了两种措施：一是申明旌善亭，二是圣训六谕。六谕的内容如下：一曰孝顺父母，二曰尊敬长上，三曰和睦乡里，四曰教训子孙，五曰各安生理，六曰毋作非为。这两种新措施都融入了其后的乡约实践。③ 王阳明任南赣巡抚的时候，曾大力推行乡约政策，后被称为南赣乡约。"南赣乡约是吕氏乡约和洪武六谕的一种混合

① 杨开道：《中国乡约制度》，北京：商务印书馆2015年版，第69－72页。
② 杨开道：《中国乡约制度》，北京：商务印书馆2015年版，第27页。
③ 杨开道：《中国乡约制度》，北京：商务印书馆2015年版，第18页。

产品，约文采取圣训六谕，组织采取吕氏乡约，洪武六谕才正式加入乡约，乡约名称才采入乡治。”① 吕氏乡约与赣南乡约“共同的地方固然是很多，不同的地方也是不少”②。纵观两者的发展路径，杨开道先生的总结是“乡约效力或者因为官府的提倡可以增加，乡约精神也许因为官府的提倡愈加丧失，所以官府提倡并不是乡约之福”③。这实际上体现了杨开道先生追求民治之乡约的期望。

杨开道先生还曾追问，蓝田乡约“为什么会在这一个时期产生，为什么会在这一个地方产生，为什么会在这一个家产生”?④ 并试图从宋朝理学的兴盛及其作者吕大钧的家学渊源、家庭背景作出解释。无可否认，这些都确实是乡约制度在彼时彼地产生的重要原因。但在此基础上，应该还可以加上宋朝士大夫“同治天下”的美好愿望与现实条件。宋太祖的文治取

① 杨开道：《中国乡约制度》，北京：商务印书馆 2015 年版，第 18 页。

② 不同之处主要表现在如下六个方面：第一，吕氏乡约是一个人民自动的乡村组织，南赣乡约便是一个政府督促的乡治组织；一个是民治的胚胎，一个是官治的传统。阳明提倡以后乡约完全成为地方施政的工具，清朝开国以后乡约又辗转成为政府宣传的工具，状况愈下，工作日卑，未始非阳明始作之俑。第二，吕氏乡约是一个自由的组织、局部的组织，南赣乡约便是一个强迫的组织、全村的组织。第三，吕氏乡约的约文，是纲举目张的条款，南赣乡约的约文，便只是一条一条的文告。第四，南赣乡约的组织，较之吕氏乡约大为扩充，吕氏乡约仅有职员二三人，南赣乡约便加至十七八人之多。第五，南赣乡约的集会，比起吕氏原约自然是较为复杂，比起朱子增约却是另有风味。第六，南赣乡约渐渐成为政府的一种工具，政府的一种帮助，去维持乡村的公正，去执行政府的法规。杨开道：《中国乡约制度》，北京：商务印书馆 2015 年版，第 110－117 页。

③ 杨开道：《中国乡约制度》，北京：商务印书馆 2015 年版，第 18 页。

④ 杨开道：《中国乡约制度》，北京：商务印书馆 2015 年版，第 28 页。

向为士阶层在宋代的发展提供了良好的条件。宋朝开国统治者基于稳固统治的需要，迫切需要拉拢士大夫，并有徽宗“艺祖有誓约藏之太庙，不杀大臣及言事官，违者不祥”之语。①这是此前及此后历代中央王朝都不曾有过的相对宽松的政治环境。此后，当乡约制度所面临的环境发生重要变化的时候，制度本身自然也会因之而变化。吕氏乡约和南赣乡约实际上为统治者提供了两种乡约模式。不幸，但却非常正常的是，统治者都选择了后者。在清朝，乡约的地位更低。② 直到最后，乡约基本上只是一种思想宣传、思想控制的工具。③

梳理杨开道先生的基本观点，目的在于进一步追问和思考，当前的村规民约该如何去弊兴利，以真正为实现基层社会治理现代化和法治乡村贡献力量。这两种内在精神完全不同的乡约模式为我们今天重新认识村规民约的性质、定位、作用提供了很好的借鉴。

“十户一体”公约在努力回应《中共中央 国务院关于实施乡村振兴战略的意见》提出的“产业兴旺、生态宜居、乡风文明、治理有效、生活富裕的总要求”。对于“十户一体”

① 余英时：《朱熹的历史世界——宋代士大夫政治文化的研究》，上海：三联书店2011年版，第209－229页。

② “乡约制度本来是人民自有的活动，人民自治的胚胎，到了王阳明吕新吾手里，渐渐变成吏治的工具，到了顺治康熙各帝手里，便成为御用的工具了。”“乡约制度的实质渐就剥夺，乡约制度的精神渐就消沉，结果提倡愈力，敷衍愈甚，完全成为纸上的空谈。”杨开道：《中国乡约制度》，北京：商务印书馆2015年版，第184页。

③ 萧公权：《中国乡村——19世纪的帝国控制》，张皓、张升译，北京：九州出版社2018年版，第219页。

公约实施所取得的成效，需要给予积极的肯定。对于其中潜在的价值冲突、法律风险，也应该有必要的认知。随着丹寨县“十户一体”公约的推广实施，当地农村在两个不同的方向发生变化：一方面，提高了村民参与村务的积极性，村民有更多的机会直接参与到村务活动的讨论，甚至决策当中来。另一方面，村委会能够更有效地调动更多的经济资源，影响村民的各种政策福利，从而获得较此前更强的社会控制力。这种控制力体现在消防安全与环境卫生的营造、农民专业合作社的发展、社会秩序的塑造、移风易俗的推进中。从这个角度来说，当前“十户一体”公约可以说处在一个十字路口：它是走向更强的社会控制，还是更民主的乡村治理？

附 录

附录 1：贵州省丹寨县龙泉镇高要村村民防火公约和十不准

高要村村民防火公约和十不准[①]

为进一步做好农村防火工作，消除火灾隐患，减少火灾事故的发生，提高村民的防火安全意识，保护广大群众的生命财产安全，按照国家有关法律法规和社会道德规范的要求，经村民讨论通过，村民委员会研究决定，特制定以下防火“公约”和“十不准”。

防火公约

一、严禁柴草进寨，乱堆乱放；严禁乱接乱拉电源线路；严禁在寨内焚烧柴草、杂物，违者每次罚款 10 元。

① 2017 年 4 月 25 日，高要村村委会，田野调查资料。

二、对火灾隐患拒不整改者，防火安全委员会有权进行强制整改，并处以50元以上的罚款。

三、未经批准，无故不参加消防宣传教育和培训者，处以罚款30元。

四、村民要自觉爱护公共消防器材设施，损坏公共消防器材设施者，责令赔偿，拒不赔偿者，按其价格两倍以上罚款。

五、任何村民不得擅自搭建临时建筑物（构筑物），侵占防火线，堵塞消防通道，违者限期整改，逾期不改者，强制拆除或消除，所需费用由违法行为者承担，并处500元的罚款。

六、严禁私自动用公共消防器材设施；严禁擅自移动、圈占、埋压、拆除、停用消防器材设施。违者责令恢复原状，并处以500元以上的罚款。

七、小孩玩火及重点监护人员无人监护的责令改正，拒不改正的对监护人罚款50元。

八、引起火灾事故者，除按法律法规处理外，村委会对其罚款1500~2000元。

九、发生火灾时，任何村民必须服从命令，听从指挥，严禁私自行动，违者罚款50元；对不参加救火，只顾个人利益抢救自己物资的，除罚款100元外，并将抢救的物资归全村所有。

十不准

十、家中不私拉乱接电线，不超负荷用电，不使用铜丝、铁丝、铝丝等代替保险丝，老化的电源线路应及时更换。

十一、出门或睡觉前要关好电源、气源、火源，按操作规程使用电气设备。

十二、不乱扔烟头，不躺在床上吸烟。

十三、不随意倾倒液化气残液，家中不可存放超过 0.5 公斤的汽油、酒精、香蕉水等易燃易爆物品。

十四、不从事封建迷信活动，点香烧蜡要有专人看守，要做到人走火灭。

十五、不使用竹板、草墙等做自家房屋隔墙，应使用土箕、砖块、石头等做隔墙。

十六、不随意倾倒没有熄灭的炭灰、草灰等，烟囱管不应靠近柴草等可燃物，防止烟囱飞火引起火灾。

十七、积极参加各种社会消防安全活动，接受消防安全教育培训。

十八、如发现消防违章行为，要及时制止，并向当地消防组织或公安消防部门举报。

十九、外来人员进寨，必须遵守本村“村规民约”和“防火公约”。

高要村村民委员会

2014 年 5 月 14 日

附录2：贵州省丹寨县兴仁镇王家村寨管委工作职责

王家村寨管委工作职责①

寨管委主任必须全力配合村“两委”工作，负责所辖自然寨的各项事务。

一、管理本自然寨群众集体所有土地、山林、山塘、房屋及其他财产，对村级财务、政务和公益事业等工作进行监督。

二、负责召开自然寨村民会议或其他会议，研究落实上级安排的各项工作任务、寨内的重大问题及其他事项。

三、组织本自然寨村民开展自治活动，负责对寨内的小组长进行管理和监督，领导开展好自然寨的“五户联保”、“精准扶贫”、“一村一品”、小康创建等工作。

四、认真抓好本自然寨的农村消防、治安安全管理等工作，通过“一事一议”项目和包村部门的帮助，加强本自然寨消防水池建设，配备消防设施，组建本自然寨应急消防队伍并开展训练、演练，每天开展鸣锣喊寨、消防巡查；加强本自然寨群众的交通出行安全监管特别是车辆监管，搞好本寨治安联防等工作。

五、负责做好本自然寨的日常管理实务，及时反映本自然寨村民的意见、建议和要求，负责地为本自然寨村民服好务，

① 2017年4月26日，王家村村委会，田野调查资料。

办好各类事务，向村委会汇报工作。

六、完成村“两委”交办的其他事项。

王家村村民委员会

2015 年 6 月 7 日

附录3：贵州省丹寨县兴仁镇王家村五户联保诚信户考核评比办法（部分）

王家村五户联保诚信户考核评比办法（部分）[①]

四、考核方法步骤

1. 各片区建立健全信息台账。

2. 考评打分

严格按考核细则计分，实行100分制考核计分。

3. 分类排名

根据综合得分情况，分为诚信户、非诚信户。对因工作不力发生严重危害社会稳定和社会治安问题有下列情形之一的，对分管片区村干部给予会议批评，处以严重警告一次。

（1）发生特大群体性事件或连续发生多起重大群体性事件，造成严重社会政治影响和重大经济损失的；

（2）因群体性事件、治安问题引发至镇级单位的；

（3）本片区人员或车辆发生一次死亡5人以上特大恶性交通事故且负主要以上责任的；

（4）因消防责任制不落实，监管不到位，发生特大火灾事故，造成群死群伤或巨大财产损失的；

（5）环境卫生工作在本县工作会议上被通报的。

---

① 2017年4月26日，王家村村委会，田野调查资料。

4．审定程序

评定小组将综合考评得分情况向村考核领导小组集体汇报，把形成的分类结果和奖惩意见提请村两委予以审定，并召开村民代表大会通过。

五、奖励与处罚

本片区综合考评为诚信户、先进小组的报请村两委列入全村年度重点工作表彰奖励。对被“一票否决”的片区（小组），由村两委下达社会治安综合治理“一票否决”决定。责令限期整改，并对片区分管村干予以责任追究。

六、考评时间段

本《办法》考评段为每月月初。

七、考评的主要内容

（一）联卫生，保环境（30分）

1．村庄路面、通村组道及时清扫保洁，地面干净，无裸露垃圾及白色垃圾（8分）；

2．河道、河渠、塘岸边坡保持整洁（2分）；

3．岸坡无乱建厕所、乱建圈舍、乱堆乱放、乱耕乱种等，水面无漂浮垃圾（5分）；

4．村民房前屋后无乱搭乱建、乱堆柴草（5分）；

5．视线范围内无裸露垃圾、白色垃圾和粪坑、粪便（10分）。

（二）联安全，保平安（15分）

1．无案件事故和政治性问题（10分）；

2．无发生重特大安全生产事故（5分）。

（三）联治安，保稳定（15 分）

1. 做好本片区的鸣锣喊寨工作（5 分）；

2. 义务治安联防队伍经常开展巡逻（5 分）；

3. 无火灾（含森林火警火灾）事故（5 分）。

（四）联产业，保富裕（20 分）

1. 积极参与村里组织的各项培训任务、科技推广和科技入户工程（5 分）；

2. 积极营造良好的产业发展环境（5 分）；

3. 积极培育和发展农村经济人，积极参与本村合作经济组织，带动本小组农户共同发展（10 分）。

（五）联人心，保活力（20 分）

1. 积极参与本村公益性事业建设（5 分）；

2. 严格遵守联保公约的有关条款和规定（3 分）；

3. 邻里和谐友爱，做到小事不出组，大事不出村（12 分）。

八、本《办法》自村民自治领导小组全体会议通过后施行。

王家村村民委员会

二〇一六年三月五日

附录4：贵州省丹寨县龙泉镇高要村村规民约

高要村村规民约①

为了推进我村民主法制建设，维护社会治安稳定，树立良好的村风、民风，创造安居乐业的社会环境，促进经济发展，建设社会主义现代化新农村，经全体村民大会讨论通过，制定本村村规民约。

一、社会治安

1. 每个村民都要学法、知法、守法，自觉维护法律尊严，积极同一切违法犯罪行为作斗争。

2. 村民之间应团结友爱，和睦相处，不打架斗殴，不酗酒滋事，严禁侮辱、诽谤他人，严禁造谣惑众、搬弄是非。

3. 自觉维护社会秩序和公共安全，不扰乱公共秩序，不阻碍公务人员执行公务。

4. 严禁偷盗、敲诈、哄抢国家、集体、个人财物，严禁赌博、严禁替犯罪藏匿赃物。

5. 严禁非法生产、运输、储存和买卖爆炸物品；经销焰（烟）火爆竹等易燃易爆物品须经公安机关等有关部门批准。不得私藏枪支弹药，失（拾）得枪支弹药、爆炸物品，要及时上交公安机关。

① 2017年4月25日，高要村村委会，田野调查资料。

6. 爱护公共财产，不得损坏水利、道路交通、供电、通信生产等公共设施。

7. 严禁非法限制他人人生（身）自由或非法侵犯他人住宅，不准隐匿、毁弃、私拆他人邮件。

8. 严禁私自砍伐国家、集体或他人林木，严禁损害他人庄稼、瓜果和其他农作物，加强牲畜看管，严禁放浪猪、牛、羊。

对违反上述社会治安条款、触犯法律法规，报送司法机关处理。尚未触犯刑律和治安处罚条例的，由村委会批评教育，责令改正。

二、消防安全

1. 加强野外用火管理，严禁山火发生。

2. 家庭用火做到人离火灭，严禁将易燃易爆物品对放（堆放）户内、寨内，定期检查，排除各种火灾隐患。

3. 加强村寨防火设施建设，定期检查消防池、消防水管或消防栓，保证消防用火（水）正常。

4. 对村内、户内、电线要定期检查，发现损害的及时请电工维修、更新，严禁乱拉乱接电线。

5. 加强村民尤其是少年儿童安全用火用电知识宣传教育，提高全体村民消防安全知识水平和意识。

三、村风民俗

1. 提倡社会主义精神文明，移风易俗，反对封建迷信及其他不文明行为，树立良好的民风、村风。

2. 红白喜事有（由）红白喜事理事会管理，喜事新办、丧事从简，破除陈规旧俗，反对铺张浪费，反对大操大办。

3. 不请神弄鬼或装神弄鬼，不搞封建迷信活动，不听、看、传淫秽书刊、音像，不参加邪教组织。

4. 建立正长（常）的人际关系，不搞宗派活动，反对家庭主义。

5. 积极开展文民卫生村建设，搞好公共卫生，加强村容村貌整治，严禁随地乱堆乱放垃圾、秽物，修房盖屋余下的垃圾碎片应及时清理，柴草、粪土应定点堆放。

四、邻里关系

1. 村民之间要互尊、互爱、互助，和睦相处，建立良好的邻里关系。

2. 在生产、生活、社会交往过程中应遵循平等、自愿、互惠互利的原则，发扬社会主义新风尚。

3. 邻里纠纷，应本着团结友爱的原则平等协商解决，协商不成的可申请村调解委调解，也可通（以）依法向人民法院起诉，树立依法维权意识，不得以牙还牙，以暴制暴。

4. 实行门前“三包”，村两委检查发现门前卫生不合格的，检查者对该户进行口头警告，责令其清理干净：发现两次不合格者对该户进行 10 元的罚款；第三次仍不打扫卫生的，取消该户一切惠民政策，直至该户自觉遵守“五户联保”公约为止。

5. 对故意破坏水利沟渠设施的，罚款 1000 ~ 3000 元，并责令其进行修复。

7. 严禁在本村辖区内水库毒鱼、炸鱼、电鱼，违者一次

性罚款 1000～2000 元

五、婚姻家庭

1. 遵循婚姻自由、男女平等、一夫一妻、尊老爱幼、团结和睦的家庭关系。

2. 婚姻大事自己做主，反对包办干涉，男女青年结婚必须符合法定结婚年龄要求，提倡晚婚晚育。

3. 自觉遵守计划生育法。

4. 夫妻地位平等，反对家庭暴力。

5. 父母应尽抚养、教育未成年子女的义务，严禁歧视、虐待、遗弃女婴，子女应尽瞻养老人的义务，不得虐待老人。

本村村规民约经全体村民代表大会讨论通过，2014 年 4 月 1 日起实施。

高要村村民委员会

2014 年 3 月 26 日

附录5：贵州省丹寨县龙泉镇展良村村规民约

展良村村规民约①

为使我村村民有章可循，人人争做遵纪守法模范，2015年4月24日，经展良村村民代表大会讨论通过，制定本村规民约。

一、每位村民都要认真学习贯彻执行党的各项方针政策、法律法规，知法、守法，服从村两委安排，积极主动参与公益事业，争当遵纪守法模范户。

二、每位村民必须诚实守信，重承诺，守信，以诚立业，以信取人，在生产生活、社会交往中，应遵循平等、自愿、互惠互利的原则。积极响应和支持村两委的工作，若因公益事业、产业发展需要，村内任何组织和个人必须服从统一规划和调整，如若有不服的将取消一切惠农政策，所有事务均不给予办理。

三、村民有权利有义务选好村民委员会成员，无能无谋无德，怕事者不选入村两委班子，村民应尊重村两委的权威性，村两委成员有责任把地方事情办好，村民热爱家乡，相信党和政府，尊敬政府领导和知识分子。

四、如有故意诽谤污蔑，造谣生事，拨弄是非引起的事端，恶意中伤他人造成的一切后果，需缴纳违约金500至

① 2017年4月30日，展良村村委会，田野调查资料。

2000 元，并取消当年或次年的一切惠农政策。

五、加强团结，和谐共处，凡家庭内部及邻里之间因生产生活产生矛盾处理不当，引发谩骂、争吵、打架行为的双方需缴纳违约金 500～1000 元，待村两委派人调解后由输理的一方承担，但为避免矛盾加深，将叫双方各出资 100 元用作吃和气饭。

六、本村发现有偷盗行为的，不管数额多少，将承担违约金 1000～10000 元，情节严重的交公安机关处理。

七、红白喜事，提倡从简节约，反对浪费，树立尊敬长者，孝顺老人之风，如有不赡养老人，虐待老人者，经批评教育不知悔改的，将取消其当年的一切惠农政策，情节严重的交司法机关处理。

八、为净化我村风俗、风气，树立健康文明之风，除逢年过节、红白喜事开展一些娱乐活动外，禁止一切赌博活动，一犯批评，再犯者将报告龙泉派出所处理。

九、凡有易燃易爆物体进家进寨存放和乱搭乱建，乱接电线，存在安全隐患的农户，经检查仍未整改的，除限时整改外，缴违约金 200 元，因此而造成事故及火灾者，将承担违约金 500～2000 元；

十、凡在本辖区内电鱼、毒鱼、炸鱼，除收缴打鱼机等工具外，违者将承担 200～1000 元的违约金；

十一、凡随意在本寨小组操场、公路、街道、村道、凉亭、消防池等公共场所乱扔倒垃圾者，包括建筑垃圾，私自占用、存放杂物的，除及时打扫清理外，视情节轻重，将承担

50～300（元）的违约金；

十二、严禁损害集体和他人承包地、宅基地及山林破坏山林树木的，除赔偿损失外，砍一罚十，并缴纳违约金300～1000元，情节严重的交司法部门处理。

十三、村民建房及猪牛圈改造不能侵占公共路面、街道或公用公共用地，临街建新房屋不得乱搭乱建（阳台屋檐及雨棚等），不能伸入道路边缘，村民不得临主道路边搭建有损村容村貌的猪牛圈及厕所，堆放杂物等，违者除及时打扫清理外，将取消一切惠民惠农政策及办事不予受理、不签字、不盖章直至整改，并承担50～1000元的违约金；

十四、为保持村寨美丽乡村风貌，凡村民改建扩建、新建的房屋，一律按规划要求外墙装饰统一颜色，不服从管理者，村两委不予批地建房、办理相关证照时不签字、不盖章。

十五、凡有意无意引发山火、寨火的，罚缴1000～10000元违约金，赔偿相应的经济损失，并移交司法机关处理。

十六、凡不支持本村公益事业建设和妨碍《村规民约》执行的人，当年或次年将取消一切惠农政策，不签字、不盖章。

十七、在村两委的领导下建立《村规民约》执行组，负责执行奖罚工作。

十八、促进奖励机制

1. 对遵守本村村规民约的家庭，视为一级诚信户，村支两委适当奖励，同时可享受国家一切优惠政策；

2. 凡积极举报揭发有违本村村规民约行为的村民，一经查实，村委会奖励 50～500 元并对举报人给予保密；

3. 本村计生两户优先享受农（村）低保及各种惠农政策，召开群众大会和村民小组会，每次都积极到会并提出对我村管理及发展很好的建议，并被村委会采纳的，将给予 300～1000 元奖励；

4. 凡子女考取大学一本以上的，除国家的奖励外，村委会再给予 500～1000 元的奖励。

十九、本《村规民约》未尽事宜，由村《村规民约》执行小组负责解释，望各位村民严格遵照执行。

展良村村民委员会

2015 年 4 月 24 日

附录6：贵州省丹寨县龙泉镇人民政府孩子满月酒温馨提示

温馨提示（孩子满月）① NO：×号

尊敬的______：

您好！

您和家人在美好的日子里，举行隆重的孩子满月喜宴，我们表示衷心的恭贺和良好的祝愿。

为了您和家人以及亲朋好友的健康安全，我们温馨提示您和前来祝贺的亲朋好友：

一、在办酒席中要注意卫生，碗筷要干净、饭菜要煮熟；

二、驾驶员开车请不要喝酒，喝酒了请不要开车，注意交通安全；

三、亲朋好友往返不要乘坐违法载人车辆，确保安全喜庆；

四、家中和邻居外出时家中要留人看守，预防偷盗；

五、房前屋后保持清洁卫生，用电、烧火、放炮竹要随时注意安全。

最后，祝您及家人节日愉快，喜事多多，幸福美满！

（注意：有事情请与龙泉镇党政办或派出所联系，电话：361××××，361××××）

龙泉镇人民政府

二〇××年××月×日

① 2017年5月5日，龙泉镇人民政府，田野调查资料。

附录7：（民国时期）贵州省改良婚丧礼节暂行办法

贵州省改良婚丧礼节暂行办法①

第一章 总纲

第一条 本省为提倡节俭纠正风俗起见，先从改良婚丧礼节着手，特规定本办法。凡本省文武官吏及民众均须遵守；违者得由主管官厅施以相当处分。

说明：节约运动现正雷厉风行，因值列强经济压迫国瘠民贫，非节约不能维持国民经济。故本办法先从改良婚丧礼节着手，以资救济。举凡文武官吏以及民众均应遵守；如有违反本办法者应受法令制裁。其间如何制裁由主管官厅临时酌量轻重办理。

第二章 婚礼

第二条 婚礼程序分为下列三项：（一）定（订）婚；（二）报期；（三）结婚。

说明：婚礼程序周礼规定有六，一问名、二纳吉、三纳彩、四纳币、五请期、六亲迎，历代相沿。郑重其义，未可厚非；但礼过繁重，实足以长奢侈之风，不能不斟酌乎中，以期

① 贵州省档案馆档案资料，编号M122－1－103，贵州省政府教育厅关于奉发《贵州省改良婚丧礼节暂行办法》的训令，1931年6月，第2－7页。

不背於吉而宜于今，斯为合度。兹定为定（订）婚报期结婚三项，其定（订）婚一项系将问名纳吉包入，纳彩略去，即俗所称下定或插香是；报期一项与请期同即俗所称送日期是；结婚一项兼有纳币在内即俗所称接亲是。

第三条 凡定（订）婚只须交换信物，一切繁冗礼物悉行免去。

说明：婚姻为人道之始，关系甚大，故须交换信物。男家以物件一种如戒指等，女家答礼信物一件不得多用。

第四条 报期时由男家酌定结婚日期，商得女家同意后，即以东帖行之。附送礼物至多不得过四色。

说明：报期以事实便利为主，不得以星命所选星宿等项书于期帖，礼物亦不得多用，俾资撙节。

第五条 结婚时所用礼盒嫁妆务求简单，所有猪羊踩街及安根等习惯悉行免去。

说明：每用猪羊踩街及一切消耗品，女家更复踵事增华，广置奢侈物品，以壮观瞻，实为倾败之。尤自时局变迁生计艰窘，就个人心理而论，未尝不欲从俭。无如积习相沿，环境所迫，实有勉强出此者，又或女家要求以多金安根均属无理，应力除去。

第六条 结婚时仪式车辆随用或行亲迎礼或照习惯例亦可。

说明：接亲习惯多用喜轿，现在用车尤便。

第七条 婚嫁宴客各不得过二日。

说明：宴客日数过多不仅耗费且礼亦繁重，主客均苦疲劳，多有未当。故规定各不得过二日，略表随意而已。

第八条 结婚前后一切索喜钱取门包等恶习均禁绝之。

说明：旧习职式多用人役，索喜钱取门包成为一种习惯，明虽随意，实则恶化，均应禁绝。

第九条 将结婚时如一方遇父母丧，其婚期即应改定，若从前之随丧作揖过门冲喜，以及未婚夫死，过门守节等习惯均除去之。

说明：婚丧不并行，稍有人心者皆知之。乃旧俗间有於（于）父母没后居丧未葬，辄以服期尚长，家无内助，随於灵前，婚娶所谓随丧作揖者；又有於病危时接亲过门冲喜，以及过门守节诸习惯，均数不良风俗，应予铲除，故本条规定如此。

第十条 结婚时男女冠服应照部颁服制条例办理，不准奇装异服。

说明：部颁服制条例内载男子礼服规定如下：（一）褂齐衣领、对襟长至腹、袖长至于手脉、左右及后下端开，质用丝麻棉毛各织品。色黑纽扣五，即俗所称的马褂是。（二）袍齐领，前襟右掩长至踝上二寸，袖与褂袖齐，左右下端开，质用棉毛各织品。色蓝纽扣六。（三）帽冬式凹顶、软胎下沿，略形椭圆，质用丝毛各织品，色黑。夏式平顶、硬胎下沿，略形椭圆，质用草帽缏，色白。（四）鞋质用丝麻棉毛各织品、或革制，色黑。至女子礼服规定如下：甲种：（一）衣齐领，前襟右掩，长至膝与踝之中点，与裤下端齐，袖长过肘与手脉之中点，质用丝麻棉毛各织品，色蓝纽扣六。（二）鞋质用丝麻棉毛各织品、或革制，色黑。乙种：（一）衣齐领，前襟右掩，长过腰，袖长过肘与手脉之中点，左右下端开，质用丝麻棉毛各织品，色蓝纽扣五。（二）裙长及踝，质用丝麻棉毛各织品，色黑。（三）鞋同上。所有质料并一律限用国货。

第三章　丧礼

第十一条 凡丧葬时以附身附棺为主，一切浮文皆宜减去，并不得涉於（于）迷信久停不葬。

说明：人子事亲贵能生养，菽水承欢亦足为孝。如必於（于）亲没后始强为铺张，未免不情。又或迷信风水，寻觅吉藏，致停棺久久不葬，不特非待亲之道，且於（于）卫生有碍，故本条特予限制云。

第十二条 成服祭奠日除备素饭招待执事外，所有吊唁来宾一律用差点招待，勿（毋）庸设备酒席。

说明：丧家成服及家祭日每多大开筵宴，如同庆贺，殊与古人食於（于）丧侧，未尝求饱之意相违。居丧宜哀，古今人不甚相远，何得视丧如庆，大反人情，此宜戒之。所以改为茶点聊表答吊者之情即可，也至执事之宴，亦宜从俭办理。

第十三条 成服祭奠出殡日不得滥用纸扎等物及其他仪仗，并不得以贵重物品殉葬。

说明：惟牛而祭，不如鸡豚之养，古训昭然。所以祭奠之时，宜重祭意，不重祭品，但有一篇狠切之祭文，亦足可歌可泣。滥费金钱沿用纸扎等物，未免亵陋，故宜取缔。至掩亲骸骨必有其道，如以贵重物品殉葬，土中不只耗无谓之财，抑适启盗棺之隙，复何所取。此等习俗均宜除去。

第十四条 出殡前如唱孝歌打围鼓等恶习均禁绝之。

说明：旧俗唱孝歌打围鼓实为一种恶习，缘居丧非娱乐之地，欢笑满堂成何体统，故宜禁之。凡类似者均者应禁之列。

第四章　附则

第十五条 婚丧礼所用席桌价值至多不得过六圆。

说明：现在风俗流薄，凡用筵宴，往往斗靡争华，油腻太过，不只主人靡费，亦甚不合卫生，应予矫正，故本条限制之。

第十六条 前条所列席桌限用本省产品及国货，不得涉及洋货。

附录8：（民国时期）贵州省查禁民间不良习俗施行细则（部分）

贵州省查禁民间不良习俗施行细则（部分）①

第一条 本细则依照修正查禁民间不良习俗办法第十二条之规定并斟酌本省实际情形订定之。

第二条 本省各县市查禁不良习俗除法令别有规定外悉依本细则查禁之。

第三条 左列不良习俗一律查禁：一、以卜筮星象巫观堪舆为业者；二、崇奉邪教开堂惑众者；三、供奉淫神借以敛财者；四、设立社坛降鸾扶乩者；五、举行迎神赛会者；六、妄造符咒图识预言或散布此类文字图画者；七、印刷或贩卖传播迷信之书籍传单及图画者；八、借符咒邪术医治伤病者；九、假托神权迷信从事其他非法活动或秘密结社者；十、妇女缠足者；十一、蓄养婢女者；十二、蓄童养媳者；十三、堕胎溺婴者。

第四条 有前条第一款款之行为者以左列方法查禁之：一、各县（市）政府於（于）奉到本细则后分二期（以每一个月为一期）查禁完竣；二、第一期运用各种方式积极宣导期使自动改营他项正当职业；三、第二期如经劝导仍不改业者，得

① 贵州省档案馆档案资料，编号M8－1－6215，贵州省关于拟具《贵州省查禁民间不良习俗施行细则》的签呈，1948年12月10日，第128－131页。

没收其迷信用品并分别饬具保限，一律勒令停业。限满仍未遵办者应视情节轻重按本细则第五条之规定处罚之。

第五条 违反前条第三款规定按左列处罚之：一、拘留：四小时以上七日以下，遇有加重时不得超过十四日；二、罚锾：一圆以上五十圆以下，遇有加重时不得超过一百圆；三、封闭其居所至已改业之日止。

第六条 因被查禁失业而生活无着者应收入地方工厂习艺，无工厂地方得令其负担相当工作。其确系老弱残废者应由救济机关设法收容但被查禁后并不影响其生活者不在此限。

……

第十一条 有本细则第三条第十三款之行为者得依左列规定查禁之：一、印发传单标语广为宣传；二、弃婴未死者应由救济机关予以收养并准人民具领养育；三、妇女堕胎弃婴溺婴等情事应由地方机关查究，犯罪人移送法院审判。

附录 9：贵州省丹寨县龙泉镇交圭村村规民约

交圭村村规民约①

为了推进我村民主法制建设，维护社会稳定，树立良好的民风、村风、创造安居乐业的社会环境，促进经济发展，建设文明卫生新农村，经全体村民讨论通过，特制定本村村规民约。

一、社会治安

1. 每个村民都要学法、知法、守法，自觉维护法律尊严，积极同一切违法犯罪行为作斗争。

2. 村民之间应团结友爱，和睦相处，不打架斗殴，不酗酒滋事，严禁侮辱、诽谤他人，严禁造谣惑众、搬弄是非。

3. 自觉维护社会秩序和公共安全，不扰乱公共秩序，不阻碍公务人员执行公务。

4. 严禁偷盗、敲诈、哄抢国家、集体、个人财物，严禁赌博严禁替犯罪藏匿赃物。

5. 严禁非法生产、运输、储存和买卖爆炸物品；经销焰（烟）火、爆竹等易燃易爆物品须经公安机关等有关部门批准。不得私藏枪支弹药，拾得枪支弹药、爆炸物品，要及时上交公安机关。

6. 爱护公共财产，不得损坏水利、道路交通、供电、通

---

① 2017 年 5 月 5 日，龙泉镇人民政府，田野调查资料。

信、生产等公共设施。

7. 严禁非法限制他人人生（身）自由或非法侵犯他人住宅，不准隐匿、毁弃、私拆他人邮件。

8. 严禁私自砍伐国家、集体或他人林木，严禁损害他人庄稼、瓜果和其他农作物，加强牲畜看管，严禁放浪猪、牛、羊。

对违反上述社会治安条款、触犯法律法规，报送司法机关处理。尚未触犯刑律和治安处罚条例的，由村委会批评教育，责令改正。

二、消防安全

1. 加强野外用火管理，严禁山火发生。

2. 家庭用火做到人离火灭，严禁将易燃易爆物品对放（堆放）户内、寨内，定期检查，排除各种火灾隐患。

3. 加强村寨防火设施建设，定期检查消防池、消防水管或消防栓，保证消防用火（水）正常。

4. 对村内、户内、电线要定期检查，发现损害的及时请电工维修、更新，严禁乱拉乱接电线。

5. 加强村民尤其是少年儿童安全用火用电知识宣传教育，提高全体村民消防安全知识水平和意识

6. 对不听从消防安全安排，造成火灾发生的；火灾只造成自家烧毁的，罚款3000～5000元；火灾造成邻居烧毁的罚款5000～10000元，情节严重的，罚款并押送公安部门处理。火灾因特殊人群（小孩、老弱病残）引起的，由家长或监护人承担相应责任。对发生火灾不及时通知救火或不听从指挥只

顾自家造成无法挽救的要加倍处理。

7. 对野外用火造成森林火灾的，一次罚款 5000 ~ 10000 元，情节严重的，罚款并押送公安机关处理。

三、村风民俗

1. 提倡社会主义精神文明，移风易俗，反对封建迷信及其他不文明行为，树立良好的民风、村风。

2. 红白喜事有（由）红白喜事理事会管理，喜事新办、丧事从简，破除陈规旧俗，发对铺张浪费，反对大操大办。

3. 不请神弄鬼或装神弄鬼，不搞封建迷信活动，不听、看、传淫秽书刊、音像、不参加邪教组织。

4. 建立正常的人际关系，不搞宗派活动，反对家庭主义。

5. 积极开展文民卫生村建设，搞好公共卫生，加强村容村貌整治，严禁随地乱堆乱放垃圾、秽物、修房盖屋余下的垃圾碎片应及时清理，柴草、粪土应定点堆放。

6. 每户每月收取 5 元垃圾处理费，外出打工的由组长一次性收取一年的垃圾处理费 60 元。

四、邻里关系

1. 村民之间要互尊、互爱、互助，和睦相处，建立良好的邻里关系。

2. 在生产、生活、社会交往过程中应遵循平等、自愿、互惠互利的原则，发扬社会主义新风尚。

3. 邻里纠纷应本着团结友爱的原则平等协商解决，协商不下的可以向县人民法院起诉。

4. 实行门前“三包”，检查发现门前卫生不合格的，检查者对该户进行口头警告、责令其清理干净；发现两次不合格者，对该户进行10元的罚款；第三次仍不打扫卫生的，取消该户一切惠民政策，直至该户自觉遵守“五户联保”公约为止。

5. 对偷班水的，罚款100～500元。

6. 对故意破坏水利设施的，罚款1000～5000元，并责令其进行修复。

7. 严禁在本村辖区内河流毒鱼、炸鱼、电鱼，违者一次性罚款1000～3000元

五、婚姻家庭

1. 遵循婚姻自由、男女平等、一夫一妻、尊老爱幼，建立团结和睦的家庭关系。

2. 婚姻大事自己做主，发（反）对包办干涉，男女青年结婚必须符合法定结婚年龄要求，提倡晚婚晚育。

3. 自觉遵守计划生育法。

4. 夫妻地位平等，反对家庭暴力。

5. 父母应尽抚养、教育未成年子女的义务，严禁歧视、虐待、遗弃女婴，子女应尽瞻养老人的义务，不得虐待老人。本村村规民约经全体村民代表大会讨论通过，2014年4月3日起实施。

交圭村村民委员会

2014年3月28日

附录 10：贵州省丹寨县龙泉镇马鞍村村规民约

马鞍村村规民约[①]

（2014 年 03 月 07 日村民会议通过）

为提高全体村民自我管理、自我教育、自我约束的能力，促进全村的安定团结和三个文明建设，根据法律、法规和国家有关政策规定，制定本村规民约。

一、全体村民均有保护耕地的义务。村内任何组织和个人使用土地都应服从村的统一规划和调整，不得侵占、买卖或者以其他形式非法转让土地。

二、村民建房必须服从本村规划，并按照规定程序申报，在领取《建房许可证》后，按批准的地点和面积施工建房。

三、严禁房前屋后乱堆杂草，严禁乱搭乱建，严禁电线外露，严禁超负荷使用电器，严禁孩童玩火，严禁室内熏烤腊肉，严禁在密集居住区燃放烟花爆竹，严禁房屋周围发酵农家肥，做好特殊人群的监管。

四、严禁荒废耕地。对荒废耕地者，除责令限期复耕种外，报乡（镇）人民政府依法收取抛荒费。

五、实行计划生育，提倡晚婚，对非法同居、非法怀孕和计划外生育者，对有谩骂、侮辱、殴打计划生育工作人员等行为者，按有关法律法规和政策严肃处理。

① 2017 年 5 月 5 日，龙泉镇人民政府，田野调查资料。

六、学龄儿童和青少年有依法接受教育的权利和义务。其法定监护人应保证子女接受九年制义务教育。

七、本村任何组织和个人一律不准招用16周岁以下的人做工。违者责令其限期辞退，情节严重的，报有关部门依法处理。

八、凡符合服兵役条件的本村村民，都有服兵役的义务，应积极主动参加兵役登记、体检和应征，对逃避服兵役（包括不参加初检复检和体检合格拒绝服兵役）的村民，按照有关法律和政策规定予以处理，情节严重的由有关部门依法追究法律责任。

九、要尊老爱幼，保护老人、妇女、儿童在社会和家庭生活中的合法权益，禁止虐待、遗弃、伤害行为。任何人不得剥夺已婚女子的合法继承权。丧偶女子有继承遗产和带户再婚的权利。

十、父母、继父母、养父母对未成年的子女、继子女和养子女必须依法履行抚养义务。成年子女、继子女、养子女及其配偶，对基本丧失劳动能力或无生活来源的父母、继父母、养父母必须依法履行赡养义务。

十一、村民发生赡养纠纷时，由村调解委员会进行调解，调解不成的，村民委员会支持被赡养人依法向人民法院提起诉讼。

十二、严禁任何单位和个人非法制造、经销、买卖、私藏管制刀具、火枪等凶器和危险物品；严禁吸毒、贩毒。任何人不得以各种借口煽动群众到机关、学校、企业、村民委员会办公地、他人住宅起哄捣乱、闹事、制造事端，不得寻衅滋事、扰乱社会治安秩序。

十三、不得非法搜身、侵入他人住宅和限制他人人身自由，不准诽谤他人和侮辱妇女，邻里之间发生纠纷不得采用威胁、要挟的方法。对殴打他人造成伤害的，应赔偿医药费、误工费等，情节严重的，提请司法机关依法处理。

十四、不偷拿国家、集体、他人财物，不在公路、水域航道上设置障碍，不损毁、移动指示标志，不损毁机耕道路、排灌渠道、耕作机械等集体公共设施，不乱砍滥伐树木。

十五、严禁传播淫秽物品，严禁卖淫嫖娼，严禁赌博和小偷小摸，反对迷信活动，严禁利用迷信活动造谣惑众、骗取财物。

十六、积极推行殡葬改革，服从殡葬管理。提倡勤俭节约，反对婚嫁、丧葬大操大办。

十七、违反本村规民约的，除触犯法律由有关部门依法处理外村民委员会可作出如下处理：

1. 予以批评教育；

2. 责令其写出悔过书，用村广播进行通报；

3. 责令其恢复原状或作价赔偿；

4. 视情况给予经济处罚；

5. 取消享受或者暂缓享受村里的优惠待遇。

十八、凡违反本村规民约要进行处理的，必须在调查核实后经村民委员会（或村民代表会议）集体讨论、决定，不得擅自处理。

十九、凡被依法处罚或违反本村规民约的农户，在本年度不评先进、文明户、五好家庭户、遵纪守法户。外来人员在本村居住的参照执行本村规民约。

二十、本村规民约有与国家法律、法规、政策相抵触的，按国家规定执行。

十一、本村规民约自村民会议（村民代表会议）通过之日起施行。

附录11：贵州省丹寨县龙泉镇羊甲村村规民约

羊甲村村规民约①

根据《中华人民共和国村民委员会组织法》和“五户联保”的有关规定，为保障我村村民更好的实行村民自治，实现“自我管理，自我教育，自我服务，自我约束”，从而依法由村民办理自己的事情，经村委会组织召开全村党员、干部、村民代表大会讨论并通过，特制定本《村规民约》，希望广大党员干部及村民群众共同遵守执行。

1. 保护耕地，人人有责，凡弃耕丢荒耕地连续达到三年（含三年）以上的，村民委员会有权收回经营权，并另行发包。

2. 村民承包的责任地、自留地、责任山、自留山，所有权属归村委员会，经营权属归村民，并受法律保护。村民只有入股、转包、互换的权利，但都必须经村民委员会备案认可有效。任何单位和个人对土地进行私自买卖、变相买卖或转让均属无效。

3. 凡是利国利民的公益性事宜，需要占用村民耕地的（如公路、机耕道、文化活动广场、医疗卫生、修建山塘、水库、水池、沟渠等）村民要无条件支持，要求的补偿均不得超过国家公益事项的补偿标准，耕地困难的，可以以同等面积同等质量的土地调换。凡各组公益事宜占地由各组自行调节解决不予补偿。

① 2017年5月5日，龙泉镇人民政府，田野调查资料。

4. 禁止侵占、买卖国家依法征收尚未用完的土地，确需耕种的，必须与相关单位签订协议。并且当国家或集体需要时，必须无偿归还。

5. 除取得合法手续确需占用耕地建房外，其他任何单位和个人严禁非法乱搭乱建或改变土地性质的违章建设（建筑物、构筑物），村委将申请相关部门依法强制拆除。

6. 村民建房必须遵守一户一宅的规定。如村民按每户宅基地总面积已达到120m^2 的，无权申请宅基地。符合条件申请宅基地的，必须由本人申请，经村民组长签出意见后到村委会研究签出意见，报镇人民政府审批。

7. 矿产资源和水利资源属于国有，凡我村辖区内所属的矿产和水资源，任何单位或个人不得占为己有或私自开采。凡执合法证照开采或经营的占用村民耕地或林地，因集体土地权属属于村民委员会，必须经村民委员会与村民协商同意，兑现相关补偿后，方可开采。强行开采的，村民委员会上报相关部门依法处理，并通知供电部门给予停电。开采完毕后，必须给予复耕或绿化。

8. 保护公路，人人有责。自觉遵守交通安全，禁止占用公路晒谷、操办酒席、堆放建筑材料等。影响交通安全及引发交通事故的移交相关部门处理。因运输途中造成环境、生态、农作物、路面被污染或损坏的，除将其修复、清理干净和赔偿外，另向村委交违约金500～5000元。情节严重的，移交相关部门处理。

9. 村民群众要自觉发扬传统美德，尊老爱幼、孝敬父母、保护妇女儿童合法权益。严禁虐待、遗弃老人，损害妇女儿童权益行为，如有发现交违约金 200～500 元，情节严重的移交司法部门处理。

10. 好吃懒做，有地不耕或不按时耕种而造成家庭生活困难的；不履行抚养义务和赡养义务的；违法乱纪的，村民委员会以及相关部门有权不给予国家的救济钱物或社会捐赠钱物以及生产扶持等的救济和补助。

11. 村民之间要团结友爱，和睦相处。对酗酒滋事、打架斗殴、侮辱诽谤他人、辱骂他人不听劝阻，查证属实交违约金 200～500 元。屡教不改，情节严重的，移交司法部门处理

12. 遵守社会公德，自觉维护社（会）公共秩序，不阻碍公务人员执行公务。严禁损害、侵占国家、集体、个人财物，严禁赌博，破坏公共设施，严禁毒鱼、电鱼、炸鱼。一经发现移交相关部门处理，并交违约金 200～500 元。

13. 村民之间不得在田土及房屋前后的边界上种植树木，以免引起邻里纠纷。对以前已种或自然生长的，双方协商修枝或采取其他方法处理。不听劝阻或协商者，除不给予国家及村委的优先优惠及救济补助外，到村委会办理相关服务时，必须按规约履行后方可办理。

14. 每个村民都必须养成良好的卫生与环保习惯。自觉维护环境卫生。凡本村公路沿线及河道，禁止任何人乱扔乱到（倒）垃圾，生活垃圾必须入桶或入池。建筑垃圾必须运至垃圾填埋场。村民与保洁员都要相互监督。违者交违约金 50～200 元。屡违者，加重处罚。

15. 按照一事一议，村、组兴办公益事业，每位村民都有义务按国家规定投 10 个义务工。不投劳的必须以资代劳，每个义务工按 80 元缴纳。

16. 本村村民或外来人士引进资金在办厂、场、矿、种养殖业、产品加工工业等开发项目，村将给予个人专项信息费（村属收入的 10%），在不违背国家政策原则的情况下，村将给投资者提供优惠优质的协调服务。

17. 除婚事、丧事外，本村村民一律不准以其他任何名义操办酒席，更不准采取分批、延时、包席、异地操办等形式变通办酒席。

18. 办理结婚酒的，必须持本人或子女结婚证到村委办理登记备案手续后方可办酒。办理丧事只能是父母、岳父母、配偶或本人负有赡养义务并履行赡养责任的亲属过世。

19. 以上三项请村民自觉遵守，村民委员会将协调相关部门对办酒村民的食品卫生安全进行全面检查。如不遵守违规办酒及违规丧葬的村民委员会将会同相关部门依法进行处理，除取消村级及相关部门的优先优惠政策外，并处罚款 1000 元。

20. 每个已婚育龄群众都要积极主动参与到村计生协会来。并资金（自觉）贯彻落实“实行计划生育”这一基本国策。

21. 森林防火人人有责。禁止在禁火期内在林区放牧、烧火取暖、烧灰积肥、焚烧香、蜡、纸、烛和一切野外用火。因违反规定引发火灾，造成国家、集体或个人利益受损的，除补栽和赔偿经济损失外另交违约金 200 ~ 500 元；未成年人引发的损失追究监护人责任；情节严重的移交相关部门处理。

22. 禁止无合法手续砍伐及运输林木，违者交违约金500～200元；情节严重的移交相关部门处理。

23. 严禁村民种毒、吸毒、贩毒，每个村（民）都有权制止、监督和举报。一经发现移交司法部门处理。

24. 反对封建迷信和非法宗教活动，打击“法轮功”“门徒会”等邪教组织。对非法宗教活动的组织者、操纵者、带头人送交司法机关处理。并交违约金1000元。

25. 我村村民自觉维护社会稳定。群防群治、严厉打击违法犯罪活动。确保“两严一降”工作深入开展。

26. 空挂户（即无住房、耕地、或企业）不得将配偶及子女迁入本村，如因公因商需迁入的，本人申请，村委会研究同意，并按每人向村缴纳5000～10000元基础设施建设配套费后方可迁入。

27. 凡违反国家法律法规、违反村规民约、违反“五户联保”影响村的发展和形象、不参加集体公益事业的，取消各种评奖和各种救济扶持，在未自行改正或接受履约前，村暂停办理各种手续。

28. 本《村规民约》经村委于2014年12月31日召开全村党员干部、村民代表大会审议通过并执行。

29. 本《村规民约》如与有关国家法律法规以及各级政府文件相抵触的，按国家法律法规及上级文件精神执行，同时并进行修改。

羊甲村村民委员会

2015年1月6日

附录 12：贵州省丹寨县龙泉镇乌尧村村规民约

乌尧村村规民约①

为了贯彻实施乌尧村民委员会组织法，发扬社会主义民主，健全社会主义法制，教育村民遵纪守法，维护社会治安和社会秩序，实现村民自治，创建和谐宜居环境，把我村建设成为社会主义新农村，特制定本村规民约。

第一章　土地管理

第一条：本村的所有土地，除了法律规定属于国家所有的以外，村民的宅基地、自留地、自留山等所有权属于集体，个人只有经营使用权；凡占用集体所属空坪、荒山建杂房、厕所和猪牛圈并经批准入册的，受相关法律保护，未经批准占用集体土地非法乱建的，集体有权收回作另行处理。

第二条：任何人不得侵占、买卖、出租或者以其他形式非法转让和别更（个）村集体和他人的土地使用权。

第三条：村民出卖、赠与和交换房屋，应该按照房屋出售价或赠与的市场价，交换差价成交的，10 天之内由买主到当地财政部门缴纳契税，逾期不缴纳者，按照契税法规定予以处罚。

第四条：村民需要建房的，原则上只能在空心村内购地建房。其他情况是，本人只要写好申请报告，由村民小组开会讨

① 2017 年 5 月 5 日，龙泉镇人民政府，田野调查资料。

论并签具意见，经村民委员会审查同意，报乡（镇）人民政府和县国土管理局批准，再经村委定好房屋基地的方位，才能允许下脚建房。

第五条：建房的村民，经过批准占用耕地建房的，建房占的耕地抵作承包地。

第六条：未经批准强行占用耕地、交通要道建房的，除坚决拆除、还田还土，恢复原状外，并罚款500元以上。已经建成的，原则上要求拆除，否则，将按照国家有关规定给予处罚。

第二章　计划生育

第一条：提倡一对夫妇生育一个孩子。对于独生子女户要求再生育第二胎的，必须在领取二孩准生证后方可育二孩，否则，按照规定征收社会抚养费。

第二条：原有两个孩子，死亡了一个的，夫妇双方又做了绝育手术，可以申请领取独生子女证，其待遇同独生子女一样。

第三条：对不实行计划生育或围攻、辱骂、殴打计划生育工作人员的，视情节轻重予以处罚，直至追究其法律主任(责任)。

第三章　公共卫生

第一条：保持饮水卫生，不准在饮用水井边一米内清洗赃物（衣裤、蔬菜及其他食物等）、洗澡。违者除责令其洗井外并罚款200元。

第二条：对于有病的畜生，不准买卖，对于病死的畜生要深埋村外。否则，罚款200元一户。

第三条：保持村容清洁卫生，不准在村里巷道、公路和村公共场所堆放猪、牛等栏肥粪，违者除限期予以清除外，罚款50至100元。

第四章　水利和村公共实施

第一条：不准任何人毁坏灌溉水域堤坝、田埂和山水主要流域等综合水利基础设施，违者除责令其恢复原状外，并处罚200至500元。

第二条：村民有维护村公共财产的责任和义务，对于损毁村公共财产的责令其恢复原状外，同时处罚500至1000元。

第三条：不准到饮用或者灌溉的河沟里用毒药毒鱼，违者将严处罚款500至1000元，并对其行为产生的一切后果负责，至承担相应的法律责任。

第五章　森林和防火

第一条：护林防火，人人有责。万一发现野外火源，无论如何村民都要设法在第一时间里向村支两委报告，接到火警的如（任）何人都要在最速时间内号召广大群众赶现场扑火。对知情不积极报告，不积极参加现场扑火的民众，经村民委员会民主审议后，有权对其办理的一切事务不给予认可。

第二条：村民在野外用火发生火灾损失的，除应赔偿由此带来的一切经济损失外，视情节严重予以究竟（追究）法律责任。

第三条：凡擅自盗伐集体和个人林木者，视其情节轻重，罚被盗伐林木价格的2至5倍，夜间盗伐木林者，加倍处罚。

第四条：自然灾害（大风、大雨、爆［暴］雨、风雪、冰雹等）毁坏的林木，任何人不准进山哄抢。捡得归还集体的给予奖励；否则，按照盗伐林木款处罚。

第五条：凡有田埂、坝堤垮塌，需要砍伐林木兴修者，必须经村委会批准后方可砍伐。未经批准擅自砍伐的，按本章盗伐林木条款处理。

第六章　社会治安

第一条：凡故意毁坏、盗窃、偷摸集体和个人财物者，除追回原物外，处罚200至5000元。夜间出动偷摸者加倍处罚。

第二条：圈好看好畜生是每个公民的职责，不准猪、牛、羊、鸭、鸡等牲畜毁坏糟蹋集体和个人农作物。违者，除赔偿损失外，处罚50至100元。

第三条：凡是聚众闹事，煽动宗派纠纷，故意殴打他人，造成直接损伤的，除赔偿医疗费用外，损失和损坏财物，除依法追究责任和照价赔偿外，并处罚款500至2000元。

第四条：村民发生口角纠纷或者婚姻纠纷等需要调解的，为调解纠纷需要出差外地的旅差费用，由当事人负责。

第五条：为保人身安全，保证正常供电，不准擅自私接电源，由此造成的故障和损失，除照价赔偿外，另处罚100至200元。

第六条：提倡讲文明，树新风；知荣耻；讲礼貌，尊老幼；讲正义，持真理；讲道德，正原则；家庭和睦，邻里团结；尊师重教，助残济贫；胸襟大度，诚实守信；美化村荣（容），绿化村庄开展文体活动，抵制反和平、淫秽书画影音谋（媒）介。

本村规民约，结合“五户联保”公约、协议书及管理制度同为本村村民公约。若有与国家法律、法规相抵触的之外应该以国家法律法规为准。本民约从公布之日起实施。

乌尧村村民委员会

2014 年 4 月 10 日

附录13：贵州省丹寨县龙泉镇白元村“五户联保”公约

白元村“五户联保”公约①

为确保2018年全面建成小康社会的政治目标，提高全体村民自我管理、自我教育、自我服务、自我监督能力，根据《中华人民共和国村民委员会组织法》，结合“五户联保”创建工作要求，经全体村民讨论通过，制定本村五户联保公约。

联卫生　保环境

一、美化村容，绿化村庄，依照村整体发展规划，村民必须配合村两委按“一事一议”方式搞好村内外基础设施、村庄绿化等建设，并按照要求做好自家房前屋后绿化、美化。不配合整改的交纳违约金200～500元外，取消该联户小组享受的一切惠农惠民政策直至该户按要求整改好为止。

二、搞好公共卫生和村容整洁，不准在村里上到公路和村公共场所等堆放牲畜粪肥；加强牲畜看管，家禽、牲畜实行集中饲养或圈养，严禁乱放猪、马、牛、羊、鸡、鸭、鹅等。违者除限期予以清除和整改外，交纳违约金50至100元，对不按时整改的农户，取消该联户小组享受的一切惠农惠民政策直至该户整改为止。

三、农户必须配合村两委搞好改厕、改灶、改圈等建设，

① 2017年5月5日，龙泉镇人民政府，田野调查资料。

新建房屋必须修建卫生厕所、改用节材灶，不得在房前屋后自行修建牲畜圈合，逐步消除露天粪坑、传统柴灶和散关圈合，违者除限期予以拆除外，交纳违约金 50 至 100 元。对不按时整改的，取消该联户小组享受的一切惠农惠民政策直至该户整改为止。

四、农户落实门前三包（包卫生、包秩序、包美化）责任制，自觉搞好家居卫生，屋内家具摆放整齐、干净整洁；屋外物品堆放整齐有序，房前屋后无积水、无杂草、无边没、无乱搭乱建、无牲畜粪肥堆放，厕所保持清洁卫生，檐沟处要疏通，生活垃圾放入垃圾箱。违者除限期予以清除整改外，交的违约金 50 至 100 元。对不按时整改的，取消该联户小组享受的一切惠农惠民政策直至该户整改为止。

五、在公共场所不乱丢垃圾，养成良好的卫生习惯和社会公德。对在公共场所乱扔果皮、烟蒂、纸屑等不良行为者，责令交纳违约金 10 元。

六、过往车辆乱扔垃圾，责令其立即清扫干净，拒不服从管理的交纳违约金 50 元；在公共场所晒米、肥、农作物、中草药等，收拾后洒落的垃圾不及时清扫的，一次交纳违约金 20 元；对因农户放牲畜在路上洒落的粪便，责令其及时清除，不及时清除的一次交纳违约金 20 元。

七、农户每月须按时上缴 3 元卫生管理费用（五保户、孤儿户免交），不按时交费的交纳滞纳金 10 元，并对该联户小组进行停水停电直至该户补缴为止。

八、全村实行包片区管理，分组确定一名村干部为责任人，督促片区管理联户每天轮班负责管理片区内主道路、巷道、空地等清扫一次，清扫须于上午 9 点前完成。不按时清扫的每次交纳违约金 50 至 100 元，拒不交纳违约金的取消该联户小组年内享受的惠农惠民政策。

九、建立保洁员责任岗，负责运送垃圾，实行每天工作制，做到动态清洁，并接受村民监督和考核。

联治安　保稳定

一、凡故意毁坏、盗窃、偷摸集体和个人财物者，除追回原物外，责令交纳违约金 200 至 5000 元，偷牛盗马的交纳违约金 5000 至 10000 元，且扭送司法机关追究相应法律责任，所在联户年内不得参与任何先进评比和奖励。

二、凡红白喜事不打招呼，不遵守鸣锣喊寨和巡逻守护制度的，每次交纳违约金 200 元。

三、凡是聚众赌博、闹事、煽动宗派纠纷、故意殴打他人、酗酒肇事，造成直接损伤的，除赔偿经济损失外，交纳违约金 500 至 2000 元，并送司法机关追究法律责任，且所在联户年内不得参与任何先进评比和奖励。

四、严禁偷水，村民发现违规人和事，要积极制止并向村委或管理小组汇报，责令偷水者交纳违约金 50 元。

五、严禁参加一切邪教活动，凡组织开展邪教活动或传播邪教学说的，一经发现将立即报有关部门处理，并处罚金 200 至 500 元。

联安全　保平安

一、自觉配合修路、养路护路，维护道路畅通，不得损坏道路，不准在村道、主道边搭建违章建筑、堆放废土、乱石、杂物，不准在道路上晒、打农作物，不准在路道上乱挖排水沟，不准在路基上种植作物、侵占路面。违者除限期予以清除和恢复外，并交纳违约金100至500元。对拒不服从管理的农户取消该联户小组享受的一切惠农惠民政策直至该户恢复原状为止。

二、加强村寨防火设施建设，家庭用火做到人离火灭，严禁将易燃易爆物品堆放户内、寨内。严禁破坏消防通道、消防池及其附属设施，如有违者，交纳违约金200至1000元，若经消防工作检查，电线老化，达不到要求的，在2天时限内，必须整改换新否则对违反者先停电后交100至200元的违约金，若拒不执行者取消当年该联户小组享受的一切惠农惠民政策直至该户按要求整改好为上。

三、加强野外用火管理，严防山火发生，在禁火期内禁止一切野外用火。违者交纳违约金100至500元。

四、若人为因素发生寨火或山火的，放火者除交纳违约金100至500元外并承担相应赔偿责任，触犯法律的移送司法机关依法处理。若有寨火或山火发生，全体村民必须及时赶往火灾现场扑救，并听从现场指挥人员的调度和安排，按照村寨预案执行，若现场其他人员不听调度和安排的须交纳100至500元违约金。

联产业　保小康

一、鼓励村民自主创业，对有一定产业规模并带动部份（分）村民参与的联户，村两委在安排产业项目扶持时优先考虑，确保现有产业的后续发展。

二、鼓励成立相应产业专业合作社，对有效益和辐射带动村民参与形成“一村一品”的产业合作组织，村两委在安排产业项目扶持时重点倾斜，并牵头申报相应合作社发展基金予以支持。对团结性好、热心村级事务、具有创业带富意识的联户，优先考虑帮助成立或吸收发展成为产业合作组织成员。对违反国家相关政策或不服从村级事务管理的，村两委调整拟发展产业合作组织的联户。

三、按村产业发展规划需求，村民有义务积极配合以土地流转、土地租赁等方式支持培育壮大村级产业。若有不配合村级产业发展的，村两委调整参与村级产业的联户，同时取消该联户小组享受的一切惠农惠民政策，直至该户配合工作为止。严禁偷摘他人茶叶，违者没收所摘的茶叶外。第一次罚款 50 元至 100 元，第二次罚款 300 至 500 元。

四、在产业发展规划内不愿意参加产业的，村民委员会有权对其土地承包责任制进行调整。

联人心　保活力

一、选好配齐配强活力的村两委班子。实行任前承诺，村两委班子要围绕本村经济社会发展需要，群众关心的热点、难点问题及民生事项等，充分征求群众意见，提出任期目标，报乡镇党委政府审核同意后向党员和群众公开作出承诺，接受党员群众的监督。

二、全面实行开展党务、村务和帐（账）务公开，特别是发展党员、评先评优、支农惠农政策、项目资金使用、三资

（农村集体资金、农村集体资产、农村集体资源）管理和处理等情况要及时向群众公开，自觉接受党员、群众监督。

三、实行民主述职评议。每年年末村两委班子要向全村村民进行述职，述职内容主要包括履职情况、为群众办实事情况、公开承诺事项完成情况和廉洁自律等内容，述职后由参会人员对其工作效果进行民主评议，民意测评率低于80%的，责成其辞职。

四、建立不胜任村两委班子成员调整退出机制。对政治立场不坚定、班子成员不团结、发展思路不清晰、不作为、乱作为等造成经济发展滞后，党群干群关系紧张，特别是对以权谋私、违法违纪的村两委班子成员，可通过村民（村民代表）大会讨论责成其辞职或报上级部门依法免职。对半年内不召开党员大会的支部书记由上级部门直接免去其职务，对半年内不进村务公开、财务公开的村主任责令辞职，引咎辞职，对拒不辞职的启动罢免程序。

白元村村民委员会

2015年4月10日

后 记

选择丹寨县的“十户一体”公约作为专题写作对象，具有一定的偶然性。

2004 年夏季，我在贵州财经大学（原贵州财经学院）法学院读大学期间，就跟随贵州财经大学和西南政法大学的联合调查队（贵州财经大学调查队由时任法学院院长杜文忠教授带队、西南政法大学调查队由陈金全教授带队），赴贵州省黔东南苗族侗族自治州、铜仁市、玉屏市等地进行过为期半个月的民族习惯法调查。应该说，这次调查经历在我心里种下了民族习惯法的种子。2005 年夏季，我从贵州财经大学毕业；2005 年秋季，进入中央民族大学法学院民族法学专业攻读法学硕士学位；2008 年秋季，我继续在中央民族大学法学院民族法学专业攻读法学博士学位。2006 年夏季，我受参与的项目委托，赴贵州省档案馆、黔东南苗族侗族自治州进行了为期半个月的社会调查。但这么多年，我所写的关于贵州的专题文章很少，很多资料一直存放在我的资料柜里。

2015 年，适逢大学毕业 10 周年。该年夏季，同学们一起筹备毕业10周年聚会。聚会之前，我到贵州省黔东南苗族侗族自治州走了一圈。其中，就到了丹寨县。在当地工作的同学介绍说，卡拉村的旅游做得挺好的。于是，我们到了卡拉村。在一处民房的墙壁上，我看到了一份“村规民约”，在其中发现了“五户联保”字样。当时的第一反应是现在怎么还搞“联保”呢？这与现代法治精神冲突啊。我提出了我的疑问，同学介绍说这说丹寨县的首创，在黔东南州都挺有影响力的。由于当时的主要目的是休闲，也就没有深究这个问题。但“五户联保”这几个字已经进入我的脑海。

2016年1月，我进入湘潭大学法学博士后流动站从事研究工作。该年7月，湘潭大学出版社有限责任公司计划出版“南方主要少数民族乡规民约与社会治理研究丛书”。经博士后合作导师廖永安教授推荐，我被出版社邀请参与项目。在丛书第一次筹备会议前，我又见到了陈金全教授。筹备会议上，陈老师提到了王家村的“五户联保”公约。这是我第二次听到“五户联保”这个词，但我并不知道王家村在哪里，也不知道它和我在丹寨县卡拉村见到的“五户联保”是不是一回事儿。接受出版社的写作任务后，我开始进行资料收集，才知道王家村就在丹寨县。于是，我开始计划再赴丹寨县，这次的主要任务是调研。

2017年4—5月，我又到了丹寨县，在这里进行了为期半个月的调研。我先后到了丹寨县龙泉镇的白元村、高要村、展良村、卡拉村，镇司法所和兴仁镇的王家村。在龙泉镇调研期间，我得到了龙泉镇政府、各村委会、驻村干部的大力支持。在兴仁镇调研期间，我得到了王家村村委会主任王兴培、党支部原第一书记刘振兴的大力支持。此次调研结束后，我一直和刘振兴保持联系，及时了解村内“五户联保”公约实施的最新情况。2017 年底，王家村“五户联保”公约全面改称“十户一体”公约，但文本并未进行修订。因此，书名标题及章节标题统一称为“十户一体”公约，但具体文本仍以调研时收集的《丹寨县兴仁镇“五户联保”公约》为准。2019 年 4 月，贵州省人民政府批准丹寨县退出贫困县序列。根据相关文件精神，“贫困户”脱贫之后改称为“脱贫户”，脱贫尚不稳定的改称为“监测户”，“五保户”改称为“特困人员”。由于调研时间跨度较长，书稿中“贫困户”的表述代表了调研时的历史情况，且一一说明非常烦琐，在此作简要说明。2019 年 8 月，我再次到丹寨县进行补充调查。

2001 年，我开始与贵州结缘；2021 年，我写了一部以贵州省黔东南苗族侗族自治州丹寨县“十户一体”公约为主要研究对象的书。这其中的机缘，或许是注定的。书稿的完成、出版，要感谢高其才教授（从书总主编）、廖永安教授、章育良教授（湘潭大学出版社首任社长）、陈金全教授、责任编辑黄琼女士的指导、信任和支持。同时，还要借此机会向一直关心我、帮助我的各位师友、亲人表示衷心的感谢。没有大家的关心、帮助与支持，书稿难以完成。

如今，书稿终于完成了，我希望有机会再去丹寨县。我会带上这本书，与当地的村民、政府工作者一起探讨书中所提出的问题。由于切入视角的有限，观察不够全面；由于调研时间的限制，观察尚不够深入；由于个人能力有限，分析也不够精细。在今后的研究中，我将持续关注相关问题以期深化研究，形成更深入的研究成果向大家汇报。同时，诚恳的请求大家给予批评与建议，我的个人邮箱是 youchuji@ aliyun. com。

游志能

2018 年 8 月 20 日　初就于湖南娄底寓所

2021 年 6 月 15 日　改于湖南长沙寓所

图书在版编目（CIP）数据

村规民约转型问题研究 ：以贵州省丹寨县“十户一体”公约为考察中心 / 游志能著．-- 湘潭 ：湘潭大学出版社，2021.8
ISBN 978-7-5687-0578-3

Ⅰ．①村… Ⅱ．①游… Ⅲ．①农村－群众自治－研究－丹寨县 Ⅳ．① D638

中国版本图书馆 CIP 数据核字（2021）第 123279 号

村规民约转型问题研究
——以贵州省丹寨县“十户一体”公约为考察中心

CUNGUI MINYUE ZHUANXING WENTI YANJIU
YI GUIZHOUSHENG DANZHAIXIAN SHIHUYITI GONGYUE WEI KAOCHA ZHONGXIN

游志能　著

责任编辑：黄　琼
封面设计：李　平
出版发行：湘潭大学出版社
社　　址：湖南省湘潭大学工程训练大楼
电　　话：0731-58298960 0731-58298966（传真）
邮　　编：411105
网　　址：http://press.xtu.edu.cn/
印　　刷：长沙鸿和印务有限公司
经　　销：湖南省新华书店
开　　本：880 mm×1230 mm 1/32
印　　张：7.75
字　　数：180 千字
版　　次：2021 年 8 月第 1 版
印　　次：2021 年 8 月第 1 次印刷
书　　号：ISBN 978-7-5687-0578-3
定　　价：32.00 元